ESG 왜, 지금인가

왜, ESG 지금인가

Environment · Social · Governance

한광일 · 김창준 · 장재범 · 장일상 공저

서현사

| 머리말 |

“왜 지금 ‘이에스지(ESG)’를 알아야 하고 실천해야 하는가”
ESG가 어떤 의미이며 우리가 알아야 하는 이유는 무엇일까?
개인과 기업과 더 나아가 국가가 함께 알아야 할 과제임에는 틀림없는 사실입니다.
전 세계적인 관심사이며 책임 있는 ESG 실천이 필요하기 때문입니다.

ESG는 정부와 대기업을 중심으로 실천해 온 과제였습니다. 지금은 기후변화로 인류가 함께 책임져야할 과제가 되었습니다. 인류가 지속가능한 발전목표로 이어가기 위하여 정부와 대기업은 물론 중소기업, 소비자까지 함께 실천해야 합니다.

이 책에서는 ‘기업과 정부 정책을 이해하기 위해서 많은 시간과 노력을 들이지 않아도 이 책을 통해 이해할 수 있다’는 정도의 부분을 다루고 있습니다.
ESG는 우리가 현재 살고 있는 지구에서 ‘지속가능하게 인간이 인간답게 살기’ 즉, 자신의 안정된 행복을 지키고 싶어 하는 간절한 마음입니다.

인류는 지난 100년간 빠른 성장을 해왔습니다.
의식주, 기술, 과학의 발달로 인간 수명은 100세를 넘어서고 있습니다. 먹거리와 편안한 휴식이 있는 주거 등 모든 것은 자연에 기반을 둔 생산물을 바탕으로 발달해 온 것입니다.
성장을 위해서는 자연 자원을 활용하기 때문에 성장하는 만큼 또 다른 문제들이 나타나고 있습니다. 예를 들면, 남미의 브라질에서 아마존 정글을 벌목하여 목축업을 대형화하면서 우리가 즐겨 먹는 햄버거 패티는 두툼해져도 가격은 많이 오르지 않았지만 파괴된 정글이 이산화탄소 정화를 할 수 없어 지구는 온난화하고, 이로 인해 기후변화를 일으켜 남극의 빙하가 녹고 해수면이 상승해 해발고도 평균 2~3m 높이의 몰디브 같은 나라는 물속으로 잠기는 것입니다. 기후변화의 심각성은 지구촌 곳곳에서 고온화, 해수면 상승, 홍수, 가뭄, 산사태, 한파, 냉해, 식량 생산 저하 등등 이루 표현하기 힘들 정도입니다.

ESG는 이러한 기후환경변화의 위험성을 체감하며 인류의 생존문제를 해결하기 위해 유엔에서 논의되기 시작한 것입니다. 이렇게 지구를 기후환경변화 위기로 몰아가는 원인의 대부분은 인간이 개발한 기술과학의 후유증입니다.

이익을 창출해야 하는 기업은 이익의 극대화를 위해 자원고갈, 환경파괴, 대기오염, 아동노동, 과로사, 차별 등 부작용을 낳았고 이로 인해 인류의 생존은 위협받고 기업은 오히려 지속되지 못하는 결과를 낳았습니다.

일반적인 기업경영은 재무구조를 통해 투자자들을 모았습니다. 비재무적인 근로환경의 문제, 복지, 갑질, 독단 등의 개선은 이해관계자에겐 크게 중요하지 않았고 관심 밖이었습니다. 기업들은 비재무적인 부분인 ESG를 적극적으로 행하려 하지 않으려 합니다. 왜냐하면 비용부담이 크기 때문입니다. 그러나 비재무적인 ESG 부분을 해결하지 않으면 인류의 생존에 문제가 발생하여 기업을 지속하기 힘든 세상이 되었습니다.
2019년 글로벌 3대 신용평가사인 에스앤피, 무디스, 피치는 '기업의 신용을 평가할 때 ESG 요소를 적극 고려하겠다.'라고 했습니다. 그리고 2024년 현재 기관투자자의 80%는 ESG를 기준으로 평가하고 있습니다.

우리나라와 관련된 외국과의 경우를 살펴보면 2021년 네덜란드 연기금(ABP)이 한국전력이 베트남과 인도네시아에서 석탄화력발전소를 추가 건설한다는 이유로 약 800억 원에 달하는 보유지분을 전량 매각했습니다(이보균. 2021). 유럽연합은 'RE100'을 실시 탄소규제가 적은 나라에서 유럽으로 수출하는 수출품에 관세를 물리는 '탄소국경세'를 도입하였습니다. 철저히 준비하지 않으면 그동안 문제없었던 수출이 신흥무역장벽에 가로막히게 되는 것입니다.
유엔에서는 2015년 인류의 기본적인 생존과 발전을 위한 '지속가능발전목표(에스디지, SDGs)' 17개 목표와 169개 구체적 과제를 발표하였습니다. 인류의 지속가능한 발전목표 실현을 위해서는 ESG 과제가 선행되어야 하고, 누구나 ESG를 실천하는 자세가 필요합니다.

제4차 산업혁명 시대의 경영에서도 ESG 경영이 매우 중요한 요소로 자리 잡아가고 있습니다. ESG의 개념은 다양하게 정의되고 있으나 일반적으로 기업의 전략을 실행하고 기업의 가치를 높이기 위한 능력에 영향을 미칠 수 있는 환경 · 사회 · 지배구조에 관한 요소들을 포괄하는 개념으로 이해하고 있습니다. 거버넌스는 '기업의 지배구조'에서 차츰 사회공동체, 정부로 확산하고 있습니다. 그러므로 투자를 위해 ESG 관리 실천을 얼마나 하는지 개개인들이 ESG 시각으로 기업과 공동체, 지자체, 정부를 꼼꼼히 살펴봐야 합니다.

이 책을 준비하면서 시간이 많이 흘러가게 되었던 이유는 시작할 때와 현시점이 기업들의 ESG 대처방안이 달라지기도 하였고 준비했던 자료를 보충하거나 빼야 되는 경우가 있었습니다. 열심히 준비하기는 하였으나 다소 미흡한부분이 있다면 독자 여러분의 양해를 바랍니다.
어려운 경제상황에서도 출판하기까지 많은 시간과 노력을 아끼지 않으신 서현사 대표님과 편집진들에게 감사의 말을 전합니다.
부족한 부분의 자료는 관련 책들을 활용하기를 당부 드리며 ESG를 이해하는데 도움이 되었으면 합니다.

2024년 가을

저자 대표 한광일

| 차례 |

3부 한국의 기후변화와 ESG 현황

4부 기업과 ESG

5부 소비자와 ESG

6부 ESG 실천사례

1

ESG에 대한 이해

ESG라는 말이 등장한 이후 ESG는 정부기관과 대기업을 중심으로 경영에 꼭 필요한 화두가 되었습니다. ESG에 관한 서적도 많이 출판되어 있어 ESG에 대한 다양한 정보를 얻을 수 있습니다.
ESG의 환경(E)과 사회(S)는 시대에 따라 변화하고, 이에 따라 ESG의 대처방법도 변화해 나갈 것입니다. ESG에 대처해야 하는 이유나 ESG의 대처방법의 변화를 받아들이고 깊이 있게 인식하지 않으면, 기후변화의 시대를 극복하는 솔루션으로 ESG를 활용하는 것이 어려울 것입니다.

1. ESG란 무엇인가

ESG는 세계적인 이슈가 되었고 우리는 얼마나 알고 있을까? 그러면 'ESG'란 무엇인가?

ESG는 '환경(E)' '사회(S)' '지배구조(G)의 첫 글자이며 기업경영에 있어서 지속가능성(서스터너블, Sustainable)을 달성하기 위한 3대 요소입니다. 우선 '이(E)' '에스(S)' '지(G)'가 각각 무엇을 의미하는가 하면 다음의 세 단어의 앞 글자를 나열한 것에 불과합니다.

- **E**nvironment(인바이런먼트, 환경)
  환경을 뜻하는 인바이런먼트의 첫 글자 E
- **S**ocial(소셜, 사회)
  사회를 뜻하는 소셜의 첫 글자 S
- **G**overnance(거버넌스, 지배구조)
  기업이나 단체의 결정을 하는 거버넌스의 첫 글자 G

거버넌스의 G에 대한 정의가 논란이 있지만 책에서는 '기업통치'의 개념으로 정리를 합니다.

이렇게 세 단어의 첫 글자를 따서 ESG라고 통칭하고 있습니다. 우리는 ESG라는 단어의 본질적인 의미를 이해할 필요가 있고, 어떤 일을 할 수 있는지, 어떤 일을 해야 하는지를 생각하고, 실제로 행동하는 것이 요구되고 있습니다.

우리나라에서는 정부와 대기업을 중심으로 ESG에 대해 많은 연구와 실천을 하고 있고, 기업의 생존을 염려할 만큼 중요한 문제가 되었습니다.

☞ESG의 첫 시작

ESG 용어는 2003년 유엔환경계획 금융이니셔티브(UNEP FI)에서 처음 사용되었으며, 2005년 유엔글로벌콤팩트(UNGC)에서 공식 용어로 사용되기도 하였습니다. 유엔책임투자원칙(UN PRI)에서는 넓은 의미로 ESG 투자, 지속가능 투자, 벤처 필란트로피(Venture Philanthropy) 등을 포괄하는 개념으로 코피 아난 전 유엔사무총장의 주도하에 제정된 원칙입니다.

2020년 3월 기준 유엔책임투자원칙(UN PRI)을 준수하겠다고 서명한 글로벌 금융기관은 3,038개이고, 이들이 관리하는 총자산은 103.4조 달러입니다. ESG 기준에 따른 책임투자비중을 계속 확대하고 있습니다.

한국에서는 국민연금을 포함해 11개 사가 가입되어 있으며 유엔책임투자원칙(UN PRI) 6대 책임투자원칙에는 투자 분석과 투자 의사 결정에 ESG를 반영하고 ESG를 주주권 행사에 활용하며 ESG 정보공개를 요구한다는 내용 등이 포함되어 있습니다.

2. E는 환경

'E'는 환경을 뜻하는 인바이런먼트(Environment)의 첫 글자입니다. ESG 중에서 가장 중요한 과제이고 비중으로 보면 60% 이상이 됩니다.
환경이란 구체적으로 어떤 것을 말할까요? 생활하는 주위의 상태가 환경이고 우린 환경이란 말에 익숙해져 있습니다. 하루 일상생활 속에서 숨을 쉬는 것도, 밥을 먹는 것도, 일을 하는 것도 모두 환경 속에서 이루어집니다.
우리는 자연이 우리에게 주는 환경에 대한 우려를 하고 있습니다. 기후변화, 산림파괴, 해양오염, 대기오염, 생물다양성의 상실, 멸종위기종의 증가 등 모두가 환경(E)에 해당하는 문제라는 것을 알고 있으며, 저탄소배출에 대한 필요성을 느끼고 있습니다.
이것은 개인이나 기업 모두에 어떻게 연결될까요? 온실가스를 배출하는 공장의 매연, 휘발유차나 경유차를 사용하는 것은 '기후변화'로 이어지고, 먹고 버린 플라스틱 병이나 플라스틱 식기 등은 '해양 플라스틱' 문제로 이어집니다.
인류는 자연환경의 혜택으로 경제를 유지해 왔지만, 환경의 중요성을 깨닫지 못했습니다. 그로 인해 환경의 변형이 오래전부터 시작되었고, 그 문제의 해결을 외면하는 동안 마침내 한계에 이른 것입니다.

환경에 계속 부담을 주면 환경의 바탕 위에 쌓아 올려진 우리 생활의 기반은 잃게 됩니다. 이러한 위기 상황을 외면하고 '누군가가 해결하겠지' 하고 미루기에는 자연 환경을 유지할 수 없을 지경에 도달하였습니다.
아래의 사진은 기후변화로 아이슬란드의 빙하가 녹고 있는 모습입니다. 사계절 빙하로 덮여있던 북극해의 빙하들이 녹아 바위와 지표면이 드러나고 있습니다.

빙하가 녹고 있는 아이슬란드 해변 ⓒ 한광일

ESG의 'E(환경)'에는 어떤 것이 포함될까요.

환경(Environment)

가장 시급한 것이 지구온난화입니다.
온실가스 배출량이 많지 않은가,
환경을 오염시키지 않는가,
재생에너지를 사용하고 있는가,
환경문제에 대응하고 있는가 등입니다.

해야 할 일	생각해야 할 일
- 기후변화 탄소배출 대책 - 온실가스 배출량 감소 - 화학물자 관리 - 폐기물 관리 - 자원고갈, 산림파괴 - 물부족 대책 - 대기 및 수질오염 대책 - 재생에너지 활용	- 삼림 파괴 저지 - 생물 다양성의 상실 저지 - 식량난 대책 - 외래종의 침입 대책 - 사막화 및 토양 황폐화 저지 - 수자원 대책 - 폐기물 대책 - 해양 플라스틱 쓰레기 대책 등

3. S는 사회

'S'는 '사회(Social, 소셜)'를 의미합니다.
사회란 구체적으로는 어떤 것을 말하는 것일까요? 여기에는 인권, 차별 등 광범위한 문제가 포함됩니다.
ESG에서 'S(사회)'는 일반적으로 사회 전체가 해결해야 한다고 인식하는 문제입니다. 그 범위는 광범위해서 남녀 불평등, 과중(극한)노동, 아동노동, 성희롱이나 갑질, 차별 등이 포함됩니다. 다시 말하면, 환경문제가 아닌 인권, 차별 같은 대부분의 문제가 'S(사회)'에 포함됩니다.
'S(사회)'는 다양한 사회 문제를 해결하는 것을 말하고, 사회에는 해결해야 할 다양한 문제들이 있습니다. 노동운동과 시민운동이 활발한 우리나라의 여러 가지 활동이 ESG의 'S'에 해당하는 부분들이 많습니다. 노동운동 등을 통해 점차 변화시켜온 노력이 ESG의 S가 활성화되는 계기가 되고 있습니다.
안전이나 보건 등에 대한 이슈는 기업의 권리와 의무 중에 책임이라는 요소가 있기에 고객이나 지역사회 그리고 직원들의 다양한 이해관계가 있습니다.

ESG의 'S (사회)'에는 무엇이 포함됩니까?

사회(Social)

인권침해는 없는가,
성차별은 없는가,
노동환경은 양호한가,
지역활동 등에 기여하는가,
사회의 다양한 문제에 적극적으로 대응하는가
등입니다.

해야 할 일	생각해야 할 일
- 노동자의 권리 보호 - 노동자의 안전과 위생 확보 - 제품 안전성 확보 - 성별 격차 철폐 - 모든 차별의 철폐 - 다양성 확보 - 직원참여 - 개인정보보호 - 고객만족 - 워라밸(일과 생활의 조화) 확보	- 유능한 인재의 채용 · 육성 - 지역사회 지원 - 공급망 인권문제 관리 - 아동노동 금지 - 강제노동 금지 - 지속 가능하고 재해 등에 강한 물류 인프라 구축 - 직원과의 대화 향상 - 사업의 디지털화와 변혁의 추진

4. G는 거버넌스

'G'의 '거버넌스(Governance)'는 '통치하는, 지배하다, 관리하다'라는 의미의 동사 '거번(Govern)'의 명사형입니다. '집단·조직의 통치 지배, 관리'의 의미로 사용되지만, ESG의 'G'는 기업 통치(코퍼레이트 거버넌스, corporate governance)'를 가리키는 경우가 대부분입니다. 공동의 목표를 달성하기 위해 의사결정을 하는 제반 장치로 코퍼레이트 거버넌스는 기업 경영·관리 체계 시스템입니다.

거버넌스가 제대로 작동하는 효율적인 회사는 책임자 한두 명이 최종 결정을 하는 게 쉽지 않지만, 거버넌스가 제대로 작동하지 않는 조직에서는 회사의 여러 조직의 의견도 무시되고 한두 명이 중요한 결정을 합니다.

이러한 일은 비단 최근의 일례일 뿐만 아니라 오래전부터 비일비재했습니다. 그 결과로 회사의 주식을 산 사람과 대출을 해준 금융사가 파산을 하기도 했습니다. 대표이사 등 책임자 한두 명이 구속되어 법의 처벌을 받았지만, 투자를 한 분들은 거버넌스에 대한 상황을 모르기 때문에 피해를 고스란히 떠안게 되는 것입니다. 반대로 말하면, 거버넌스가 효율적인 조직을 만들면 나쁜 결과를 미연에 방지하는 효과가 있고, 위험을 줄일 수 있는 것입니다.

'거버넌스'에서는 'E(환경)'와 'S(사회)'의 관점도 포함되는 서스테이너빌리티(지속가능성)가 중요한 경영과제입니다. 게다가 기업은 중장기적으로 거버넌스를 실행할 수 있는지 평가를 받습니다.

'G(거버넌스)'는 기업통치를 가리키며, 기업이 '해야 할 일을 제대로 한다'는 것이라고 말할 수 있습니다. 그것이 가장 큰 위험관리인 것입니다.

ESG의 'G(거버넌스)'에는 어떤 것이 포함됩니까?

거버넌스(Governance)

기업이 실적이나 평판의 악화로 이어질 수 있는 불상사 등을 피하기 위해, 공정하고 투명한 체질을 구축하는 것입니다.

해야 할 일	생각해야 할 일
- 정보공개의 투명성 - 이사 및 감사의 자질 - 장기 경영전략 수립 - 이사회의 독립성·다양성 확보 - 이해관계자와의 대화 - 법령준수(컴플라이언스)	- 적절한 납세 수행 - 뇌물수수 등 부패방지 - 리스크 관리(risk management) 체제 구축 - 적정한 임원 보상 설정 - 사이버 보안 대책 - BCP(사업 계속 계획) 책정 공정경쟁 - 이사회, 법령준수위원회 등에 의한 감독 기능 강화 - 내부 고발 제도의 종업원 인식 확산 - 관계 회사, 협력회사에 대한 안전지도, 교육 등

☞ ESG 생각, 'S'

최근 우리나라 최대 온라인 쇼핑몰 업체이며 최대 택배회사라고 할 수 있는 ○○회사에서 물건 분류 일을 하던 임시직 직원의 돌연사와 택배기사의 과로사로 큰 뉴스가 되어 과중노동에 대한 개선을 요구하는 시민단체의 활동이 이어지고 있습니다.
이 업체는 주문한 물건을 아주 빨리 소비자에게 배송함으로 매출이 급상승하였습니다. 소비자와의 약속을 이행하기 위해선 분류작업과 배달이 새벽 시간까지 이어져야 하는 등 과중노동이 이어졌고, 이때 발생한 인명 피해로 인권문제가 부각되며 사회적인 문제가 되고 있습니다.
이렇듯이 소비자에게 저렴하며 편리함을 제공하는 동시에 소비자이면서도 관련 노동을 하는 근로자는 죽음의 위기에 내몰리기도 하는 것입니다. 이렇게 ESG의 S는 다양한 사회문제를 해결할 것을 요구하고 행동하는 것입니다.
어느 기업이든 근로자를 죽음으로까지 몰아붙이는 경영은 하지를 않습니다. 하지만 결과적으로 근로자가 죽음에 이르는 경우가 있기 때문에 이를 미연에 방지하기 위해 여러 가지 법적인 제도들을 만드는 것입니다.
기업에서는 이해관계자의 이익을 우선하기 때문에 근로자가 죽음에 이르는 것을 보고도 근무형태를 바꾸는 것이 쉽지 않습니다. 하지만 이제는 이러한 위험관리를 하지 않으면 이해관계자들에게 오히려 손해가 발생합니다. 투자자들은 손해가 발생하는 기업에 투자하는 것을 기피할 것이고 이로 인해 경영에 어려움으로 이어지고 이해관계자들에겐 더 큰 위험이 됩니다.

☞ 거버넌스의 위험 관리

전기자동차 배터리를 생산하는 공장에서 큰 불이 나서 20여 명의 근로자들이 사망하였습니다. 이 업체는 화재발생 두어 달 전에도 소방안전 문제로 당국의 개선 지시를 받았지만 제대로 이행하지 않았다고 합니다.

ESG의 E 측면에서는 친환경 자동차나 운송수단에 들어가는 배터리를 생산한다는 긍정적인 부분이 있습니다. 자동차 매연을 발생하는 기존의 내연기관 자동차는 차츰 기피 대상이 되고, 전기차가 기후변화를 막는 대체 상품으로 각광을 받고 있기 때문에 전기자동차용 배터리를 만드는 회사는 환경부분에서는 좋은 업적을 쌓고 있습니다.

그러나 S 측면에서는 대부분 저임금의 외국인 근로자를 임시직으로 고용, 안전교육미비, 근로환경 등의 문제를 발생시켰습니다.

G 측면에서는 최고경영자의 근로 환경에 대한 점검과 숙련된 직원배치, 발생할 수 있는 사고에 대한 예방교육 강화 등 지배구조에서 당연히 챙겨야 할 일을 하지 않은 것으로 보입니다.

ESG 측면에서 G를 제대로 실행했다면 하는 아쉬움이 큽니다. 최고경영자가 ESG에 적극적으로 참여하고 회사의 지배구조를 개선하여 회사의 여러 문제들을 사전에 고쳐 나갔더라면 아까운 인명사고를 미연에 방지하고, 회사도 안정된 지속가능한 구조로 바뀌었을 것입니다. 결국 위험부담을 줄이는 것이 거버넌스를 하는 것이고 리스크관리입니다.

5. ESG의 배경

ESG는 세계적인 트렌드로 확산되어 투자자나 소비자 · 정부 등 사회적으로 관심이 높아지고 있으며 이로 인해 기업들은 실천을 해야 하는 시기가 되었습니다. 그것은 곧 기업들의 생존과 성장에 직결되기 때문입니다.

가장 큰 것이 환경입니다. 기후변화, 지구온난화로 인류의 생존이 위협을 받고 있기 때문입니다. 어느 한 개인 한 나라가 책임지고 해결할 수 없을 만큼 큰 문제가 되어 전 지구적으로 모든 인류가 생존의 위협을 받고 있는 것입니다. 지구온난화의 주범으로 탄소배출이 있고 탄소배출을 줄이기 위해 기후협약 등 유엔에서 다양한 협의와 협약을 진행했지만 지구온난화를 막지는 못했습니다.

여러 나라의 이해관계로 인해 지구는 안전하지 못한 위험이 언제든지 발생할 수 있는 곳이 되어 기업을 경영하는 입장에선 굉장히 불안한 요인이 된 것입니다. 심지어 대기업은 수출길이 막힐 위험성을 가지고 있을 만큼 중요한 문제로 받아들이고 있습니다. 기업의 지속가능한 성장이 보장되지 않는다면 안전(안정된)한 기업으로 판단하고 투자한 주주들은 이익을 남길 수가 없습니다. 수출로 경제를 유지하고 있는 우리나라의 경우 특히 ESG에 신경을 쓸 수밖에 없습니다.

2020년 1월 세계 최대 자산 운영사 블랙록(BlockRock) 래리 핑크(Larry Fink) 회장은 전 세계 기업 최고경영자들에게 기후변화 리스크가 곧 투자의 리스크라며, 기후변화에 제대로 대응하지 않고 적극적으로 ESG 정보를 공개하지 않는 기업에는 투자하지 않겠다고 밝혔습니다. 그리고 기후변화 대응성과가 부족한 53개 기업에 대해서 적극적으로 주주권을 행사하였습니다. ESG에 대한 대응과 정보공개에 미흡한 경영진의 연임에 반대표를 던지면서 기업의 정책에 적극적인 영향력을 행사한 것입니다.

세계적인 기업들 대부분이 블랙록의 투자를 받고 있습니다. 블랙록은 우리 돈으로 '1경' 이상의 투자금을 운영하는 세계 최대 투자회사로 구글, 애플, 삼성, 엘지 같은 세계적인 기업에 투자하고 있습니다.

블랙록이 투자를 한다는 것은 일반 투자자들에게는 그 기업에 투자를 해도 좋다는 신호이고, 블랙록이 투자금을 회수한다는 것은 바로 기업 부실의 증거로 인식되고 있습니다. 그래서 어느 기업 CEO이든 블랙록의 래리 핑크 회장의 연례 서한을 가볍게 받아들일 수는 없습니다.

이를 기점으로 글로벌 기업들은 기후변화, 지구온난화의 주요원인

탄소를 줄이기 위한 탄소감축 목표를 발표하면서 ESG 경영이 전 세계의 화두가 되고, ESG 투자열풍이 시작되었습니다. 래리 핑크 회장은 2020년 연례 서한에서 금융의 기본적인 재편과 금융이 어떻게 갈 것인가에 대한 방향성에서 ESG를 강조하고 있는 것입니다.

결국 소비자들은 사회적 책임을 하지 않는 기업들에게 등을 돌리게 될 것이며 가격이 저렴한 상품을 선택하는 것이 아닌 고가일지라도 적극적으로 ESG경영을 하는 기업제품을 선택하게 될 것입니다.

6. 코로나 19와 ESG

코로나 19는 박쥐에서 온 바이러스라고 합니다. 전염성이 강해온 인류가 3년 이상 마스크를 쓰고 사회활동을 하지 못하고 집안에 격리되는 등 전염병 예방에 총력을 기울였습니다. 그런데도 수천만 명이 사망한 무서운 전염병이었습니다. 박쥐와 인간은 생태계가 다른데 어떻게 박쥐에게서 전염병이 인간에게 전파되었을까요?
인류는 자연환경을 파괴하여 동식물과 인간이 살아가기 힘든 환경을 만들어버렸습니다.

자연보호단체 '컨서베이션 인터내셔널' 전문가는 일례로 브라질 아마존에서의 삼림파괴를 들고 소를 방목하기 위해 숲이 벌채되고, 또한 소는 병원체를 가진 야생 생물과 가축을 다루는 사람 사이에서 질병을 매개하는 경우도 있다고 합니다.
유엔환경계획과 국제축산연구소가 2020년 7월에 공개한 보고서에서는 지난 반세기 동안 동물에서 사람으로의 감염증이 증가한 요인으로 육식 수요, 지속가능하지 않은 농업, 야생동물 수

렵 등의 증가를 들고 있습니다.
또한 이 보고서에서 코로나 19와 같은 대규모 유행 위험을 크게 줄이기 위해 자연과 야생 생물 보호에 수백억 달러를 투자하기 위해 세계는 정책 대전환을 해야 한다고 제안합니다.

출처: 모리나오끼 외 6인(2022). ESG를 잘 아는 책

코로나 19 펜데믹은 세계 공통의 문제였지만 각국의 이해관계가 달라 좀처럼 진전되지 않던 환경문제에 대한 대처를 가속화시켰습니다. 탈탄소, 순환경제 등의 지속 가능한 방법으로 코로나 19 사태에서 경제 부흥을 목표로 하는 '녹색회복'의 분위기가 상화되고 있습니다. 세계 각국의 글로벌 기업들은 2050년보다 빨리 온실가스 배출량을 실질적으로 제로로 하는 대책을 강구하고 있습니다.
각국은 코로나 19로부터의 경제부흥을 '지속가능한 사회' 실현의 호기로 삼고, 코로나 19에서 크게 침체된 세계경제 회복의 기폭제로 삼기 위해 경쟁하듯 야심 찬 목표 설정을 하기 시작했습니다.

출처: 모리나오끼 외 6인(2022). ESG를 잘 아는 책

또한 ESG의 'S(사회)' 요인에서도 신종 코로나로 인해 실시하게 된 재택근무로 여성들이 활약할 수 있는 장이 넓어지고 있습니다. 오래전부터 육아를 병행하고 장거리 출퇴근의 고통에서 벗어날 수 있는 재택근무에 대한 희망은 많았지만, 고용주 입장에서는 부정적이었는데 코로나 19를 통해 강제적인 재택근무로

업무조정과 활성화를 위한 다양한 방법들이 모색되어 지금은 재택근무가 하나의 근무 형태로 자리 잡았습니다.
코로나 19의 위기가 새로운 기회로 변화되었습니다. 이렇듯 발상의 전환을 통해 ESG 과제에 대한 행동을 취하지 않으면 시대에서 뒤처질 위험이 커집니다.

(1) 코로나 19가 세계 수준에서 사회, 경제에 미치는 영향

다음의 표는 코로나 19가 세계 수준에서 사회, 경제에 미치는 영향을 요약한 것입니다. 특히 경제 침체로 인해 빈곤층이 코로나 19 전 4천만 명에서 6천만 명으로 늘었음을 밝히고 있습니다. SDGs 첫 번째 목표가 빈곤 퇴치인데 오히려 늘어 난 것입니다. 교육적인 측면에서도 학교를 폐쇄하는 등의 과정으로 약 12억 명이 수업에 지장을 받았습니다. 고용에서도 16억 명의 근로자가 감염으로 소득의 60%를 잃었습니다. 이렇듯 사회적 약자가 심각한 영향을 받는 것을 알 수 있습니다.

▎코로나 19가 세계 수준에서 사회, 경제에 미치는 영향

지속가능한 개발 목표에 관한 분야	세계 수준의 COVID-19의 영향(위험)
빈곤	경제 침체로 4,000만 명에서 6,000만 명이 절대적 빈곤층으로 전락하였다.
남녀평등	104개국에서 의료 종사자의 약 70%가 여성으로, 급여가 지급되지 않는 여성은 남성 의료 종사자의 3배. 신형 코로나에 의해 그 격차는 확대되었다.
교육	약 12억 명(학생의 68%)이 학교에서의 수업에 영향을 받고 있다.
사회보장	약 40억 명(세계 인구의 약 55%)이 의료보험 등 사회보장을 받지 못하고 있다.
장애인	세계 장애인 중 약 3분의 1이 신형 코로나 감염증에 의해 사회, 경제면에서 가장 영향이 큰 10개국에 살고 있다.
빈민가 주민	신형 코로나 감염증 환자의 90%가 도시에서 발생, 약 10억 명 이상의 빈민가(슬럼) 주민들이 그 위험에 노출되었다.
고용	약 16억 명의 비공식 부문 근로자들이 신형 코로나 감염으로 소득의 60%를 잃었다.
식량 안보	저·중소득국의 2억 6,500만 명이 식량을 확보할 수 없는 위험에 노출되었다.
관광	8억 5,000만 명에서 11억 명의 국제 관광객 수에 영향이 있고, 관광수입의 손실은 9,100만~12조 달러, 1억~1억 2,000만 명이 실직의 위험에 노출되었다.

출처: 모리나오끼 외 6인(2022). ESG를 잘 아는 책

(2) 코로나 19에 의한 새로운 생활 스타일

코로나 19를 계기로 새로운 생활 스타일이 전개되거나 과제 해결이 촉진되었던 사례도 있으며, 거기에 새로운 비즈니스 기회도 발견됩니다. 그 중에는 환경과 사회에 관한 사항도 많이 볼 수 있습니다. 이러한 사회의 변화 속에서 기업이 어떤 행동을 취하고자 하는지는 ESG 투자자에게 중요한 요소가 될 것입니다.

▎코로나 19에 의한 새로운 생활 스타일의 전개 예

분야	COVID-19에서 발생한 새로운 과제	COVID-19로 해결 촉진
건강	외출 금지로 인한 운동 부족과 스트레스 증가	온라인 진료 확대로 의료 접근 용이
교육·인재	학교와 가정의 IT 환경 격차가 교육 격차로 이어질 가능성	학교에 태블릿 단말기 배포 및 통신망 정비가 진행되어 온라인 서비스 가속
에너지·환경	텔레워크가 확대됨에 따라, 전력소비를 분산화하고 시스템 전체로써 에너지 효율화 악화	재생 가능 에너지 등의 분산형 에너지로의 시프트 가속
식량	관광산업이나 외식산업의 침체에 따라 농산품의 대량 구입 수요가 저하	소비자가 직접 생산자로부터 구매하는 등 새로운 소비 형태 확대
이동·운수	이동 제한으로 일, 쇼핑, 엔터테인먼트 등에서 실체 경험이 감소	텔레워크, 전자상거래 확대 및 질 향상으로 편리성이 높아지고 시간의 유효 활용 등이 가능

출처: 모리나오끼 외 6인(2022). ESG를 잘 아는 책

2

ESG와 SDGs

SDGs는 지속가능한 개발목표 또는 지속가능한 발전목표(Sustainable Development Goals)를 뜻합니다.

2000년부터 2015년까지 시행된 밀레니엄 개발목표(MDGs)를 종료하고 2016년부터 2030년까지 새로 시행되는 유엔과 국제사회의 최대 공동목표입니다. 인류의 보편적 문제와 지구 환경문제, 경제 사회문제를 2030년까지 17개 주목표와 169개 세부목표로 해결하고자 이행하는 국제사회 최대 공동목표입니다. 이 목표가 ESG와 같은 목표를 향하고 있습니다.

출처: 위키백과 https://ko.wikipedia.org/wiki/지속가능개발목표

7. 에스디지(SDGs)란

에스디지(SDGs, Sustainable Development Goals)는 인류의 '지속가능발전목표'를 뜻합니다.
지구촌에서 현재 수십억 명의 인구가 빈곤하고 인간의 존엄성이 보장되지 않는 삶을 살고 있습니다. 국가 내 그리고 국가 간 불평등의 고조, 기회, 빈부, 권력의 격차가 심각하고, 실업, 보건, 자연재해, 분쟁의 급증, 테러리즘, 천연자원 고갈과 사막화, 토지 황폐화, 담수 부족, 생물 다양성 감소, 해수면 상승, 기후 위기로 많은 공동체와 지구의 생물학적 지원체계가 생존의 위협을 받고 있습니다.

출처: 이창언(2022). SDGs 교과서

SDGs는 지구에서 빈곤을 종식하고 존엄성 있는 삶과 모두를 위한 기회를 창출하기 위해, 지속가능발전의 도전과제를 해결하기 위해, 다양한 이해관계자의 창의력과 협동을 요구하고 있습니다.
2015년 발표한 에스디지(SDGs)는 유엔이 2030년까지 지속가능한 발전을 실현하기 위해 달성을 목표로 하는 전 세계 공통의 17개 '목표'와 169개의 '구체적 과제'입니다.

우리나라 지속가능발전기본법 제2조(정의) 다섯 번째에는 "지속가능발전목표'란 2015년 국제연합(유엔 UN) 총회에서 채택한 지속가능발전을 달성하기 위한 17개의 목표를 말한다."라고 밝히고 있습니다.

유엔에서 발표한 지속가능발전목표는 인류 보편의 문제와 지구환경의 문제, 경제사회의 문제를 2030년까지 해결하고자 하는 국제적 공동목표입니다. 17개의 주목표가 있고 169개의 세부목표가 있습니다. 인류 보편의 문제는 빈곤, 질병, 교육, 여성, 아동, 난민, 분쟁 등이 있습니다. 지구 환경문제는 기후변화, 에너지, 환경오염, 물, 생물다양성 등이 있습니다. 경제사회 문제로는 기술, 주거, 노사, 고용, 생산 소비, 사회구조, 법, 대내외경제 등이 있습니다. 이 큰 주제 아래 169개의 세부목표가 있습니다.

☞ 17개 주요 목표

목표 1	모든 형태의 빈곤종결
목표 2	기아해소, 식량안보와 지속가능한 농업발전
목표 3	건강 보장과 모든 연령대 인구의 복지증진
목표 4	양질의 포괄적인 교육제공과 평생학습기회 제공
목표 5	성평등 달성과 모든 여성과 여아의 역량강화
목표 6	물과 위생의 보장 및 지속가능한 관리
목표 7	적정가격의 지속가능한 에너지 제공
목표 8	지속가능한 경제성장 및 양질의 일자리와 고용보장
목표 9	사회기반시설 구축, 지속가능한 산업화 증진
목표 10	국가 내, 국가 간의 불평등 해소
목표 11	안전하고 복원력 있는 지속가능한 도시와 인간거주
목표 12	지속가능한 소비와 생산 패턴 보장
목표 13	기후변화에 대한 영향방지와 긴급조치
목표 14	해양, 바다, 해양자원의 지속가능한 보존노력
목표 15	육지생태계 보존과 삼림보존, 사막화방지, 생물다양성 유지
목표 16	평화적, 포괄적 사회증진, 모두가 접근 가능한 사법제도와 포괄적 행정제도 확립
목표 17	이 목표들의 이행수단 강화와 기업 및 의회, 국가 간의 글로벌파트너십 활성화

출처: UN지원SDGs한국협회

목표 1과 세부과제

목표 1　모든 형태의 빈곤종결

목표 1에는 7개의 세부목표가 있습니다.

1.1 '빈곤을 없애자'에는 '2030년까지 현재 하루 1.25달러 미만으로 생활하는 사람들로 정의되고 있는 극도의 빈곤을 모든 장소에서 종식시킨다.'

1.2 '2030년까지 각국 정의에 따른 모든 차원의 빈곤 상태에 있는 모든 연령대의 남녀 및 아동의 비율을 절반으로 줄인다.

1.3 국가별 최저 생계 보장 등을 포함하여 모두를 위한 적절한 사회보장시스템 및 조치를 이행하고, 2030년까지 빈곤층과 취약계층에 대한 실질적 보장을 달성한다.

1.4 2030년까지 모든 남성과 여성, 특히 빈곤층과 취약계층의 경제적 자원, 기초 서비스, 토지 및 기타 자산에 대한 소유권과 통제, 상속권, 천연자원, 적정 신기술, 소액금융을 포함한 금융 서비스에 대한 동등한 권리를 보장한다.

1.5 2030년까지 빈곤층 및 취약계층의 복원력을 구축하고 기후 관련 재해와 경제적, 사회적, 환경적 충격 및 재난에 대한 노출과 취약성을 경감한다.

1.a 개발도상국, 특히 최빈개발도상국이 모든 형태의 빈곤 종식을 위한 프로그램과 정책을 이행할 수 있도록 적절하고 예측 가능한 수단을 제공하기 위해, 발전 협력 확대를 포함한 다양한 재원의 실질적 동원을 보장한다.

1.b 빈곤 종식 활동에 대한 투자 증대가 이루어지도록 빈곤층에게 친화적이고 성(性)인지적인 발전전략을 기반으로, 국가적, 지역적, 국제적 차원에서의 견고한 정책 체계를 형성한다.

출처: 이창언(2022). SDGs 교과서

8. ESG와 SDGs의 차이점

ESG와 SDGs와의 차이에는 SDGs에는 진행상황을 보는 지표가 정해져 있습니다.

지속가능한 개발목표 에스디지(SDGs)는 기업을 포함한 모든 관계자가 존중해야 할 '틀'인 반면 ESG는 기업이 건전한 비즈니스를 진행해 나가는 데 있어서 '규제'라고 볼 수 있습니다. 또한 SDGs는 공통목표와 목표 모두 진행 상황을 보는 지표도 정해져 있지만, ESG에서는 반드시 그러한 공통 지표는 정해져 있지 않습니다.

예를 들어, SDGs의 목표 '6 안전한 물과 화장실을 전 세계에'에서 라는 목표로 "6.1 안전하고 저렴한 식수에 대한 보편적이고 평등한 접근을 달성한다. 6.2 적절하고 평등한 하수 시설 · 위생시설에의 접근을 달성하고 노상배변을 근절하면서, 여성과 여아 및 취약계층에 있는 사람들의 요구에 특히 주의를 기울인다."가 그 지표로서 '6.1.1 안전한 음료수를 마실 수 있는 인구 비율' '6.2.1 (a) 안전한 공중위생 서비스를 받을 수 있는 인구 비율, (b) 비누나 물이 있는 화장실을 이용하는 인구 비율'이 정해져 있습니다.

이 목표는 기업의 ESG 관점에서 어떤 관련이 있을까요?

예를 들어, 한국의 식품기업이 개발도상국에서 원료가 되는 농작물을 생산하는 경우, 거기서 일하는 직원이나 노동자가 안전한 식수를 확보하고, 위생적인 화장실을 평등하게 사용할 수 있도록 하는 것은, 환경과 사회의 배려임과 동시에, 그것이 확실히 실행되게 체제를 만드는 기업통치와도 관련되어, 바로 ESG의 대처라고 할 수 있습니다. 따라서 기업이 매일 ESG에 주목하며 사업을 전개하는 것이 결과입니다.

반면 ESG는 SDGs와 같은 '목표'가 아닙니다. 환경, 사회, 거버넌스라는 세 가지 비재무적인 관점이 기업의 장기적인 성장에 영향을 준다는 생각입니다. 게다가 ESG와 SDGs의 관계성을 보면, 기업이 경제성장을 계속하기 위해 ESG를 실천할 때 장래적인 위험과 기회를 찾아내는 팁이 되는 것이 SDGs입니다.

SDGs 목표 뒤에 있는 다양한 과제를 해결하기 위해 노력하는 것은 기업의 비즈니스 기회와 직결됩니다. 반면에 환경파괴나 인권침해 등 목표 달성에 역행하는 행위는 기업의 이미지에 큰 손실이 따를 것입니다.

다음의 표는 SDGs의 각 목표와 관련된 ESG 사례를 정리한 것입니다.

목표 1 '빈곤을 없애자'는 목표를 위해 ESG 측면에서 빈곤층 사람들에게 먹거리나 일거리를 만들고 기업의 가치를 올리는 것입니다.

목표 9 '산업과 기술 혁신의 기반을 만들자'의 목표를 위해 환경 및 사회 해결에 기여하는 혁신연구개발을 진행할 수 있습니다.

SDGs의 각 목표와 관련된 ESG 사례

	SDGs의 목표	기업에 의한 ESG 인센티브의 예
1	빈곤을 없애자	빈곤층 사람들에게 서비스 제공
2	굶주림을 '0'으로	친환경 스마트농업 도입
3	모든 사람에게 건강과 복지를	원격 의료 서비스 제공
4	양질의 교육을 모두에게	원격교육 서비스 제공
5	성별 평등을 실현	직원에 대한 남녀평등의 기회와 대우 제공
6	안전한 물과 화장실을 전 세계에	저렴하고 유지 관리가 용이한 물 공급 서비스 제공
7	에너지를 모두, 그리고 깨끗하게	자사의 재생 가능 에너지 도입
8	일과 경제 성장도	직원의 생명과 창의성 발휘 기회 제공
9	산업과 기술 혁신의 기반을 만들자	환경 및 사회 해결에 기여하는 혁신 연구개발
10	사람과 나라의 불평등을 없애자	직원의 성별, 장애, 인종, 종교 등의 다양성을 존중
11	계속 살 수 있는 마을 만들기	방재 기능을 포함한 환경 배려형 빌딩의 건설 운영
12	만드는 책임, 사용하는 책임	재활용 가능한 소재 및 제품 개발
13	기후변화에 대한 구체적인 조치	공급망을 포함한 온실효과 가스 감소
14	바다의 풍요를 지키자	친환경 수산 양식 기술의 도입
15	육지의 풍요를 지키자	황무지에서도 생육 가능한 상품 작물의 도입
16	평화와 공정을 모든 사람에게	사내의 법령 준수 강화
17	파트너십으로 목표 달성	ESG 경영이 SDGs에 기여한다는 것을 분명히

출처: 모리나오끼 외 6인(2022). ESG를 잘 아는 책

9. ESG와 CSR 및 CSV의 차이점 이해

시에스알(CSR)과 시에스브이(CSV)는 '자발적'이라면 ESG는 '외압' 입니다.

ESG와 CSR과 CSV의 차이를 혼동할 수 있습니다. 기업이 소비자, 투자자, 사회 전체 등의 이해관계자에 대해 윤리적 관점으로 자발적으로 사회에 공헌하는 것을 CSR(기업의 사회적 책임, Corporate Social Responsibility)이라고 합니다. CSR 활동에는 법률 준수 및 이해관계자에 대한 책임을 지는 것도 포함되지만, 일반적으로 기업의 이익과는 직접적으로 연결되지 않는 기부나 자원봉사활동 등 기업이 자율적으로 돈과 시간을 사용하여 '좋은(착한) 일'을 실시한다는 등의 이미지가 강합니다.

CSR은 기업활동에 의해 발생할 수 있는 법적 · 경제적 · 윤리적 이슈들을 미리 파악하여 기업의 가치를 높일 수 있는 '이해관계자 기반 경영활동'이라고 할 수 있습니다. 사회적 문제 해결을 통해 경제적 이익을 창출하는 경영 전략을 의미합니다. 과거 CSR 부서의 직원들이 현재 ESG를 담당한다고 볼 수 있습니다.

(1) CSR과 ESG

과거 기업이 이익을 남기면 자발적으로 복지재단에 기부하여 이윤을 사회에 환원하며 기업 이미지를 높이는 것으로 이해했습니다. 그러나 투자한 주주의 입장은 반영이 안 된 것입니다. 주주로서는 그 수익을 재투자해서 이익을 높이는 것을 원했을 것입니다. 그래서 CSR이 활성화되지 못한 하나의 원인입니다.

CSR은 기업이 다양한 공헌이나 기부를 통해 이익을 사회에 환원한다는 개념이 강하다면, ESG는 기업의 지속가능 경영을 위해 필요한 투자 지표적인 성격이 강합니다.

ESG는 등급으로 이해가 됩니다. 어떠한 문제가 발생했을 때 점수에 영향을 주고 투자자들은 그 점수에 따라 투자를 결정하게 됩니다. 기업 입장에선 더 많은 투자를 받기 위해서 높은 점수를 유지해야 하기 때문에 ESG가 CSR보다는 더 정량화된 인상이 있습니다.

(2) CSV와 ESG

CSV(사회적 가치 창출 Creating Shared Value)는 서로 용인될(양립할) 수 없는 '이익'과 '사회 공헌' 두 가지를 목표로 하는 것입니다. '사회적 문제 · 과제 해결의 비즈니스화'라고도 합니다. 기업이 사회적 문제를 해결함으로써 새로운 시장을 개척하거나 기존 사업의 효율성을 높이는 등 경제적 이익을 창출할 수 있습니다.

핵심은 사회적 문제를 기업의 기회로 적용하는 것입니다. 이는 기업의 장기적인 성장을 지원하고, 이해관계자들에게 가치를 제공합니다.

기업은 CSV 활동을 통해 지속가능한 성장, 사회적 책임, 재무적 성과 향상 등을 이룰 수 있습니다. 따라서 CSV는 기업의 비즈니스 기회와 지역사회의 요구가 만나는 곳에서 사업적 가치를 창출해 사회적 · 경제적 가치를 동시에 창출하는 중요한 전략입니다.

출처: 홍유진(2023). 기업경영의 미래! ESG, CSR, CSV에 대해 알아보자. 신용회복위원회.

다음의 표는 CSR, CSV, ESG의 차이점을 정리한 것입니다.

CSR/CSV/ESG의 차이점

구분	CSR	CSV	ESG
개념	기업의 사회적 책임 기업이 지역사회 및 이해관계자들과 공생할 수 있도록 의사결정을 해야 한다는 윤리적 책임의식	기업의 공유가치 창출 기업 활동 자체로 사회적 가치를 창출하면서 동시에 경제적 수익까지 추구하는 방향	기업의 지속가능성 미래의 위기에 선제적으로 대응하면서 지구의 보존과 지속가능한 경영을 하기 위한 환경, 사회, 지배구조로 기업의 비재무적 요소
목적·효과	기업이 사회적 책임을 다하기 위해 이윤을 사회에 환원하는 활동으로 기업의 자선활동 기부 환경보호 등 다양한 사회공헌 활동	기업의 비즈니스 모델 안에서 사회적 가치를 창출함과 동시에 사회문제를 비즈니스 모델에 포함시켜 문제를 해결하고 경제적 가치를 창출	기후변화에 대응하기 위한 환경(E)과 인권존중, 공정하고 안전한 사회형성을 위한 사회(S) 법과 윤리의식을 준수한 투명하고 민주적인 기업운영을 위한 지배구조(G)
관점	기업의 투자자와 시민 등 이해관계자	기업의 사회와의 공존	사회, 파트너, 투자자, 고객, 직원 등 폭 넓은 이해관계자
사례	스타벅스의 공정 거래 커피 구매와 다양한 커뮤니티 프로젝트를 통한 봉사, 기부, 사회공헌 프로그램	마이크로소프트의 디지털 격차 해소를 위한 교육 프로그램과 기술의 상용화를 통한 시장 확대	테슬라의 전기차 생산과 재생에너지 기술을 통한 환경적 책임, 공정하고 투명한 지배구조

출처: https://blog.naver.com/se365company/222425450605에서 발췌
https://blog.naver.com/zzongali/223542880651에서 발췌

3

한국의 기후변화와 ESG 현황

지구온난화 1.5도 아래로 억제하지 않으면

기후변화(지구온난화)로 더 강렬한 폭염 및 가뭄, 폭우가 증가하면서 식량 생산에 차질이 생길 것입니다. 이로 인해 식량 가격 상승, 노동력 감소, 생계 소득 감소 등으로 이어져 최종적으로 삶의 질 감소, 영양실조 증가 등이 연쇄적으로 발생할 것입니다.

10. 기후변화의 원인

기후변화를 초래한 지구온난화는 자연적 원인과 인위적 원인으로 구분됩니다. 환경부에 의하면, 태양의 흑점활동과 화산활동, 지구의 자전과 공전의 영향, 지구 대기권의 자연 오존의 영향 등을 종합적으로 고려하면 자연적 원인으로 인한 온도 상승 영향은 거의 미미하거나 오히려 온도를 낮추는데 기여하였습니다. 반면, 인간 활동에 의한 온실가스 배출 등으로 인한 지구온난화 영향은 78% 이상입니다(환경부, 2016). 지구온도 상승은 인간 활동에 의한 인위적 원인과 그 추세가 일치하고 있습니다. 이는 인간 활동에 의한 인위적 원인이 지구온난화와 기후변화의 결정적 원인임을 확인시켜 줍니다.

특히, 인간 활동에 의한 인위적 원인 중에서도 기후변화의 가장 주요한 원인물질로 주목받는 것은 이산화탄소로, 온실가스의

70%를 차지하고 있습니다(미야모토, 2016). 이산화탄소 농도의 급격한 변화는 산업혁명과 함께 석탄과 석유 등의 화석연료 사용이 급증하였기 때문입니다(환경부, 2016).

환경부에 따르면, 우리나라의 기후변화 속도는 전 세계 평균보다 더 빠르게 진행되고 있는 것으로 나타났습니다. 인구가 밀집된 대도시에서의 온난화 경향이 좀 더 크게 나타났습니다. 기온 상승률은 전 세계 평균보다 1.9~2.6배나 높습니다. 주변 해양의 수온과 해수면도 지속적으로 상승 중인데, 그 상승률은 전 지구 해양 평균보다 약 2~3배 높은 것으로 보고됩니다(환경부, 2020). 이산화탄소 농도 증가와 온도 상승은 지구환경과 인류의 삶에 지금까지 경험하지 못한 심각하고 급격한 변화를 일으키고 있습니다. 그 결과 생물 멸종위기종 증가와 먹이사슬 파괴, 이상기후로 인한 농작물 생산량 감소 및 생산품종 변화로 인한 식량안보 문제, 영구동토의 해빙과 해수면 상승으로 인한 영토 문제, 기후 난민 유발과 취약계층 증가, 사회 불안정 등에 걸쳐 광범위한 위협이 되고 있습니다.

유엔 지속가능발전 보고서에 따르면, 기후변화로 인해 인류는 지난 십 년 동안 기록적인 대형 산불, 허리케인, 가뭄, 홍수 등 각종 기후재난을 경험하며 역사상 가장 뜨거운 시기를 보냈다고 합니다. 또한 기후재난의 강도와 빈도는 더 거세어져 기후재난으로 인해 사망하거나 생계의 어려움, 재정상의 손실을 입은 사람은 3천 9백만 명 이상으로 나타났습니다(UN, 2020a). 현 추세대로라면 금세기말에는 온도가 약 3.2℃까지 상승할 것으로 전망하고 있습니다(UN, 2020a).

출처: 김민지(2021). 경제성장과 이산화탄소 배출량의 관계에서 에너지전환, 개인복지, 거버넌스의 조절효과

11. 기후변화 현상

기후변화는 견뎌야 하는 이변이 아니라 극복해야 생존할 수 있는 '기후위기'로 인식되기 시작했습니다. 2024년 현재도 세계 각국이 폭염, 폭우 등의 이상 기후변화로 어려움을 겪고 있습니다. 올해 우리나라도 시간당 100mm의 극한 호우가 9번이나 쏟아지는 등 지금까지 없었던 현상으로 어려움을 겪었습니다.
세계 각국이 겪고 있는 이상 기후현상으로 기업의 경영에도 불확실한 날씨로 인한 손실이 발생하고 있습니다. 기업경영에서 이상기후로 인한 부담이 커지고 있는 것이 현실입니다.

(1) 해마다 기록 경신하는 이산화탄소 농도

기후변화의 가장 큰 원인은 이산화탄소 농도의 증가입니다. 2019년 측정된 대기 중 이산화탄소 농도는 415ppm이었습니다. 1990년대 초까지만 해도 358ppm이었던 이산화탄소 농도가 27년만에 15% 상승한 셈입니다.

(2) 해수면 높이 해마다 2.9㎜ 상승

2019년 7월 그린란드에서 녹아내린 얼음양만으로도 세계 해수면 높이가 0.5㎜ 높아졌습니다. 1992년 이래 세계 해수면 높이는 해마다 2.9㎜씩 높아져, 현재 78.3㎜가 상승했습니다.

⑶ 그린란드 빙하 절반이 넘게 녹았습니다

2019년 7월 그린란드 빙하는 1970억t이 녹아 대서양으로 흘러들어갔습니다. 가장 많은 얼음이 녹은 날은 7월 31일로 이날 하루에만 100억t의 얼음이 녹아 바닷물이 되었습니다.

⑷ 북극 영구동토가 빠른 속도로 사라지고 있습니다

2019년 캐나다 북극지역에서 영구동토 층이 녹기 시작했습니다. 인공위성이 촬영한 영상을 보면 한때 얼었던 지표들이 녹아 점점 호수로 변해 가고 있습니다.

출처: https://www.hani.co.kr/arti/science/science_general/922722.html

생태학자 메르세데스 부스타멘테(Mercedes Bustamente)는 "전 세계는 이미 기후위기로부터 엄청난 영향을 받고 있습니다. 지구 평균 기온이 1.5℃ 이상 상승한다면 적응 한계를 벗어난 지역이 광범위하게 증가할 것"이라며 "기후위기에 적응하는 것이 탄소 저감을 위한 노력을 대체할 수는 없다"라고 말했습니다.

출처: https://www.newspenguin.com/news/articleView.html?idxno=12798

다음의 표는 기후온난화로 발생하는 주요한 영향을 정리한 것입니다. 물부족, 생태계 변화, 대규모 특이현상 등 인류의 생존을 위협하는 부분을 확인할 수 있습니다.

▌지구온난화 1.5℃와 2.0℃ 주요 영향 비교

구분	1.5℃	2℃	비고
고유 생태계 및 인간계	**높은 위험**	**매우 높은 위험**	
중위도 폭염일 온도	3℃ 상승	4℃ 상승	
고위도 극한일 온도	4.5℃ 상승	6℃ 상승	
산호 소멸	70-90%	99% 이상	
기후영향·빈곤 취약 인구	2℃ 온난화에서 2050년까지 최대 수억 명 증가		
물부족 인구	2℃에서 최대 50% 증가		
그 외	평균 온도 상승(대부분의 지역), 극한 고온(거주지역 대부분), 호우 및 가뭄 증가(일부 지역)		
육상 생태계	**중간 위험**	**높은 위험**	
서식지 절반 이상이 감소될 비율	곤충 6%, 식물 8%, 척추동물 4%	곤충 18%, 식물 16%, 척추동물 8%	2℃에서 두 배
다른 유형의 생태계로 전환되는 면적	6.5%	13.0%	2℃에서 두 배
대규모 특이 현상	**중간 위험**	**중간-높은 위험**	
해수면 상승	0.26 - 0.77m	0.30 - 0.93m	약 10cm 차이, 인구 천만 명이 해수면 상승 위험에서 벗어남
북극 해빙 완전 소멸 빈도	100년에 한 번 (복원 가능)	10년에 한 번 (복원 어려움)	1.5℃ 초과 시 남극 해빙 및 그린란드 빙상 손실

※ 이외, 극한기상, 해양산성화, 생물다양성, 보건, 곡물 수확량, 어획량, 경제성장 등에 관련된 위험(리스크) 모두 1.5℃보다 2℃ 온난화에서 높음(수치적으로는 제시되어 있지 않음)

출처: 기상청 기후정책과. 〈지구온난화 1.5℃ SPM(정책결정자를 위한 요약본. 2018. 10) 주요 내용〉

12. 우리나라의 기후변화와 대응방안

ESG가 크게 화두가 된 것은 결국 기후변화와 이로 인한 인류의 생존에 문제가 커지고 기업이 지속적인 성장을 이어가기 힘들다는 것입니다.
해수면의 온도가 1℃ 오름으로 인해 바다 생태계에 큰 영향을 주고 셀 수 없을 만큼의 바다 생물이 사라지고 있습니다. 제주도에서 잡히던 물고기가 독도 근해에서 잡히고 있고, 제주 특산품 감귤이 한반도 남쪽에서 생산되고, 사과의 북방 한계선이 차츰 북상하고 있습니다.
기후변화가 기후위기로 이어지고 ESG 실행을 평가하는 지금 우리나라의 대응방안에 대해 알아보겠습니다.
2024년 9월 4일 국회에서는 '기후위기시계'를 수소충전소 입구에서 국회의사당 앞쪽으로 옮기고 제막식을 가졌습니다.
우원식 국회의장은 "기후위기 대응은 선택이 아니라 다른 길이 없는 문제"라며 '기후특위' 설치를 강조하였습니다.
여야정당은 기후위기에 대한 입장에서 "대한민국의 미래도 심각한 위협에 직면했다(박찬대 민주당 원내대표)", "우리의 미래를 위해 기후위기 대응은 지체할 수 없는 국가적 과제(추경호 국민의 힘 원내대표)" 라고 밝히며 기후위기특별위원회 설치를 합의했습니다.

기후변화 단체 전문가들은 "기후위기 대응을 범정부, 초당적 차원에서 적극 추진하는데 있어서 국회 기후특위의 역할은 매우 클 것"이라며 "특위를 상설화하고 실질적인 역할과 권한을 부여하는 것이 무엇보다 중요하다"고 입을 모았습니다.

출처: 청색경제뉴스(http://www.blueconomy.co.kr)

국회 '기후위기시계' © 김서현

'기후위기시계'는 지구 평균기온이 산업화 이전보다 1.5℃ 상승하는 시점까지 남은 시간을 보여줍니다. 사진 촬영일 기준 D-데이는 4년 281일 10시간 16분이 남았습니다.

(1) 탄소중립

우리정부도 평균기온이 산업화 이전 대비 1.5℃를 초과하지 않는다는 기준에 맞춰 탄소중립을 발표하였습니다.

탄소중립은 대기로 배출되는 탄소배출량이 자국의 숲이나 나무, 갯벌로 흡수되어 '0'을 만들어 균형을 이루는 것을 말합니다. 세계 6대 갯벌을 보유한 우리나라는 탄소중립에 천혜의 자원을 가지고 있습니다.

넷제로(Net Zero)는 탄소량과 온실가스 등을 모두 포함해 조금 분류의 차이가 있었지만 지금은 탄소중립과 같은 뜻으로 사용됩니다.

탄소제로는 풍력이나 태양광으로 전기를 생산하며 탄소배출이 없는 것을 말하고 기후환경 변화에 대응하기 위해 가야 하는 목표입니다.

2020년 10월 문재인 대통령은 국회 시정연설에서 "2050년 탄소중립을 목표로 나아가겠다"고 선언했습니다.

정부는 국가 온실가스 감축 목표(NDC) 설정 및 2050 탄소중립 시나리오를 마련하고, 2030년 온실가스 배출량을 2018년 대비 40% 감축하는 목표를 2021년 설정하고 '제1차 국가탄소중립·녹색성장 기본계획'을 2023년 4월 확정했습니다.

기후변화와 녹색성장 정책에 대한 기본계획 중에서 주요 정책을 다음의 표로 구성하였습니다. 부문별 감축정책에서 석탄을 줄이고 원자력과 해상풍력 발전 등 재생에너지를 확대한다고 밝히고 있지만, 원자력은 유럽이 주도하는 'RE100'에서는 재생에너지의 범주에 포함되지 않는 등 논란의 여지가 있습니다.

탄소중립을 위해 각 지자체도 정부의 정책에 적극적으로 행동을 하고 있습니다.
2021년 P4G* 서울정상회의(5.30~31)를 개최하였습니다. 이 회의에 앞서 각 지자체는 글로벌 탄소중립을 위한 지방정부의 역할로 '지역이 주도하는 2050 탄소중립'을 선언하였습니다.
탄소중립을 위해 지자체의 역할이 왜 중요할까요?
탄소중립을 위해서는 우리 사회 전반을 바꾸는 도전이 필요하기 때문입니다.
변화의 과정에서 지역의 특성에 맞는 탄소중립 실천방안을 찾고 이러한 실천이 새로운 성장동력이 되어 지역의 경쟁력을 높일 수 있어야 합니다. 그래서 지역이 탄소중립을 향한 변화의 주인공이 되어야 합니다.
2050년 탄소중립을 실현한 우리의 미래는 어떻게 변화할까요?

- 누구나 생활하며 쓰는 에너지를 생산하고 동시에 소비합니다. 탄소를 많이 배출하는 일자리는 친환경 미래 일자리로 전환합니다.
- 건물과 도시는 높은 에너지 효율과 동시에 에너지를 자체 생산합니다.
- 농어촌과 생태공간은 지역경제와 상생하는 그린에너지 공간으로 변화합니다.
- 모든 자원은 효율적으로 사용하고 재활용하는 순환경제시대로 나아갑니다.

P4G 정상회의는 지구 평균 기온 상승폭을 산업화 이전 대비 1.5도 이하로 제한하도록 노력한다는 파리기후변화협약의 목표와 2050년 탄소중립 달성을 위한 국가 온실가스 감축목표(NDC) 상향 등 각국의 기후대응 의지를 결집하는 계기가 될 것으로 기대를 모았습니다.

출처: 환경부
https://www.me.go.kr/home/web/board/read.do?menuId=10503&boardMasterId=767&boardCategoryId=&boardId=1459180

* P4G

P4G(녹생성장과 글로벌목표 2030을 위한 연대 · Partnering for Green Growth and the Global Goals 2030)의 회원국이 2년마다 번갈아 여는 정상회의다. P4G는 정부 기관과 기업 · 시민사회 등 민간부문이 파트너로 참여해 기후 변화에 대응하고 지속 가능한 발전 목표를 달성하려는 세계적인 협의체이다.

❙ 국가 탄소중립·녹색성장 기본계획 내 주요 정책내용

부분별 감축정책	
전 환	석탄↓,원전+재생e(해상풍력 등)↑
산 업	핵심기술 확보, 배출권 제도개선
수 송	무공해차 보급, 운송 인프라 저탄소화
건 물	제로 건축물↑, 그린 리모델링
농축수산	농축수산 구조 저탄소화
폐 기 물	지속가능 생산·소비, 자원순환확대
수 소	청정수소↑, 수소 활용 생태계 강화
흡 수 원	산림순환, 습지복원·보호
CCUS*	제도인프라 마련, 상용화 R&D
국제감축	지원 플랫폼, 사업 발굴 등

이행기반 강화정책	
기후위기 적응	기후감시·정보제공, 극한기후 대응, 취약계층 지원 등
녹색성장산업	녹색 기술·산업 육성, 녹색 재정·금융 확대
정의로운 전환	정의로운 전환 특별지구 지정, 탄소중립 전환 영향집단 지원
지역주도	지자체 탄소중립 기반구축, 지역 기후대응 역량 강화 등
인력양성 인식재고	저탄소 미래분야 인력양성, 홍보 등
국제협력	국제입지강화, 그린 ODA강화*

*시시유에스(CCUS, Carbon Capture Utillization and Storage 탄소 포집활용·저장기술)
대기 중에 있는 이산화탄소뿐만 아니라 산업공정에서 발생하는 이산화탄소를 포집해 활용하거나 이를 저장하는 기술

*오디에이(ODA, 공적개발원조 Official Development Assistance)
그린ODA 강화는 공적개발원조 시장에서 각광 받는 녹색 공적개발원조란 뜻으로 환경을 고려한 개발협력, 개도국의 기후변화 대응 및 온실가스 감축 등 녹색전환을 지원하는 개발협력을 의미

출처: 금융위원회

한국의 갯벌

우리나라 남해안과 서해안은 세계적인 수준의 갯벌이 펼쳐져 있어, 국내에서 발생하는 탄소를 정화하여 제로로 만드는 '넷제로(Net Zero, 탄소중립)'의 강점을 가지고 있습니다.
습지인 갯벌은 지구 지표면의 6%를 차지하며 지상탄소의 40%를 흡수저장할 수 있습니다. 갯벌은 탄소를 흡수하고 오염물질을 정화합니다. 다양한 생물의 서식지로 태풍과 해일을 완화시키고 어업 활동에 도움이 됩니다. 그러나 차츰 갯벌을 간척하여 농지를 만들거나 주거단지를 만드는 것은 기후변화의 ESG 측면에서 역행하는 정책일 수 있습니다. 갯벌을 자연 그대로 두고 보호하는 것은 기후변화를 막고 ESG를 실천하는 가장 쉽고 중요한 일입니다.

출처:https://blog.naver.com/eaglestudy/223348072682

서해안 갯벌 ⓒ 조재성

(2) 금융기관의 역할 강화

금융당국도 2021년부터 기후대응 기금설치 등을 통해 탄소중립 달성을 지원하고 있습니다.

정부는 각국의 탄소규제가 증가하고 있어 이에 대해 제대로 대응을 못하면 제조업 등 수출기업의 경쟁력이 약화될 것을 우려하여 정책금융기관도 그동안 자체재원과 기후대응기금을 통해 저탄소 공정개선, 녹색프로젝트 등에 자금을 공급하고 있습니다.

유럽에서 2026년부터 시행한다고 밝힌 '탄소국경조정제도'가 시행되면 탄소규제 대응 비용이 증가하고 수출기업의 경쟁력이 약화될 것입니다.

- 녹색금융을 위한 중앙은행 · 감독기구 간 글로벌 협의체 가입 – 2022년
- 기후리스크 관리 지침서 마련 – 2021년
- 금융권 녹색금융 핸드북 – 2022년
- 기후스트레스테스트 실시 – 2023년

출처: 금융위원회

(3) ESG 관련법률

국가운영의 근간인 법률들 중 투자대상 기업에 영향력이 큰 법률들에 대해 ESG 정보를 공개하도록 의무화하는 개정이 필요합니다. 기업들로서는 강한 압박을 받을 수 있지만 ESG가 제대로 정착되고 국가 경쟁력을 올리는 데는 아주 중요합니다.

21대 국회에서 ESG 관련 법안들이 상임위에 올라가 논의를 하던 중 회기가 끝나 본회의를 통과 못하고 모두 자동 폐기되었습니다. 세계 각국의 ESG에 대한 정보공시 등 변화에 맞춰 우리나라도 입법을 서두를 필요가 있습니다.

13. 공공기관의 ESG

우리나라 최대투자자는 737조의 자산을 운영하는 국민연금입니다. 국민연금은 2019년 말 '책임투자활성화방안'을 발표하면서 각 기업의 ESG 수준을 평가하고 투자의사결정에 적극 반영하겠다고 발표했습니다.
국내 72개 기업의 지분을 단순투자에서 일반투자로 바꾸고 적극적인 주주권행사를 실행한다는 것입니다. ESG 평가로 국민연금이 주주총회에서 이사의 연임을 반대할 수 있는 것입니다.

그러한 공공기관도 ESG 평가를 받습니다. 투자를 하는 입장이지만 스스로가 ESG 경영을 실천하므로 투자하는 회사의 평가도 신뢰성이 있는 것입니다. 2024년 ESG 공공기관 평가에서 국민연금공단이 '투명한 지배구조 · 친환경 경영'으로 1위를 받았습니다.
6월 2일자 전자신문에 따르면 국내 335개 공공기관 대상으로 진행한 ESG 경영평가에서 국민연금공단이 1분기 공공기관 환경 · 사회 · 지배구조(ESG) 평가에서 종합 1위를 차지했습니다.

지배구조 투명화·친환경 경영 성과로 전년 동기(13위) 대비 순위가 12계단이나 상승해 국민연금공단이 71.96점으로 ESG 통합평가 최고점을 기록했습니다.

국민연금공단의 평가 1위는 시사하는 바가 큽니다. 국민연금공단이 ESG를 실행하며 많은 변화를 진행하고 그에 따른 결과를 파악하고 공단에서 투자하는 일반기업의 ESG 경영요구와 지배구조 개선에 나서기 때문입니다.

공공기관 ESG 종합평가 상위 10위

순 위 (전년순위)	기관명	2024년 상반기	
		ESG등급	ESG점수
1(13)	국민연금공단	A	71.96
2(10)	국민체육진흥공단	A	70.88
3(4)	한국전력거래소	A	69.8
4(29)	한국부동산원	A	68.17
5(89)	그랜드코리아레저(주)	A	68.17
6(8)	인천항만공사	A	68.17
7(17)	국가철도공단	A	67.63
8(62)	인천국제공항공사	A	67.63
9(11)	중소기업은행	A	67.09
10(49)	한국관광공사	A	67.09

"ESG 통합 순위에서 과거에는 환경(E) 점수가 높은 에너지 공기업이 상위권에 있었는데 최근 사회(S)나 지배구조(G)에서 고득점을 한 공기업들이 통합 순위에서도 상위권에 진입하고 있다."고 분석했습니다.

출처: 이준희 기자 jhlee@etnews.com 발행일 : 2024-06-02 16:00
https://www.etnews.com/20240531000108

14. 우리나라에 미칠 영향

(1) 화석연료로 생산된 전기

우리나라 전력생산에서 화력발전소는 많은 수를 차지하고 있습니다. 연료로 사용하는 석탄과 석유는 대부분 수입을 하고 있고, 연료의 원활한 수급을 위해 바닷가에 화력발전소를 많이 건설하였습니다.

삼면이 바다인 우리나라도 바닷가에 많은 화력발전소가 가동되고 있습니다. 화력발전소는 인근의 주민들에게 전기를 저렴하게 공급하는 장점이 있고, 전기 사용의 원활함으로 많은 문명의 혜택을 받고 있습니다. 그러나 화력발전소를 앞으로 증설하는 것은 'COP28'* 합의로 불가능합니다. 화석연료발전소 증설에 들어가는 금융지원을 하지 않는 것을 'COP28'에서 명문화하였기 때문입니다.

* **COP28** : 2023년 11월 30일부터 12월 13일까지 아랍에미리트(UAE) 두바이에서 열린 제28차 유엔기후변화협약 당사국총회를 말합니다. 'COP28'의 'COP'는 당사국총회를 뜻하는 'Conference of the Parties'의 약자이며, 숫자 '28'은 회의의 회차를 가리킵니다.

출처: 네이버지식백과. COP28. (시사상식사전)

현재 가동되고 있는 화석연료로 생산되는 전기와 그로 인한 탄소배출에 대해서는 탄소중립 관련 규제 등이 새로운 유형의 무역장벽으로 작동하여, 수출 등 기업 생존과도 직결되는 문제가 되었습니다. 그래서 정부 차원에서 대응을 하고 있습니다.

다음의 사진은 탄소를 흡수하는 갯벌을 간척하여 만든 화력발전소입니다. 국토 대부분이 산으로 되어 있는 우리나라는 수백 년 전부터 갯벌을 간척하여 농경지로 만들어 식량을 생산하였습니다. 아래의 화력발전소도 조그만 섬과 연결된 갯벌을 간척하여 식량 증산을 위한 농경지와 일자리 창출을 위한 산업단지를 만들며 화력발전소도 건설한 것입니다.

과거에는 어느 나라 정부도 화력발전소 건설에 환경문제를 거론하지 않았지만 이젠 금융기관에서 화력발전소 건설에는 대출 규제를 하게 되었습니다. 화력발전소에서 생산된 전기로 만든 수출품은 관세의 대상이 되어 수출경쟁력에 큰 부담을 가지게 됩니다.

간척지와 화력발전소 ⓒ 조재성

(2) 경제성장률 하락

수출 주도의 한국경제에서 탄소규제에 적극적으로 대처하지 못하면 수출 감소가 경제성장률 하락으로 이어질 수 있습니다. 2022년 기준 GDP에서 제조업이 차지하는 비중이 28%인 우리나라는 탄소배출 및 전력사용량이 많은 제조업의 수출 비중이 높습니다. 이로 인해 각국에서 환경규제에 큰 영향을 받을 것입니다. 2024년 2월 대한상의 설문조사에 의하면 제조기업의 41.3%가 탄소중립에 따른 산업환경변화에 이미 직간접적인 영향을 받고 있다고 답했고, 50.7%는 아직은 아니나 앞으로 받게 될 것이라고 응답했습니다.

(3) 기후기술

기후기술은 지구온난화를 방지하고 온실가스 배출량을 줄이기 위한 기술입니다. 2050년까지 온실가스 순배출량 제로(net zero emission) 달성을 목표로 세계 경제의 탈탄소화 과제를 해결하는 광범위한 분야를 포괄합니다(한경 경제용어사전). 향후 미래 먹거리 산업으로 자리 잡을 가능성이 높은 만큼, 전 세계 각국은 기후기술에 대해 대규모 투자를 하고 있습니다.

2050 탄소중립 달성을 위해서는 기후기술 발전이 필수적이며, 기후기술 시장은 연평균 24.5% 성장이 예상되는 유망한 시장입니다. 우리나라는 2020년 기준으로 기후기술 분야에서 선진국과의 기술격차가 최대 3년 정도 벌어져 있는 상황입니다.

주요 국가 기후 기술격차를 보면 미국에 비해 EU는 0.5년, 일본은 2년, 한국은 3년, 중국은 4년의 격차가 있습니다.

출처: 로아에스, 기후위기 우리나라에 미치는 영향 금융지원 대응방안
https://blog.naver.com/rokichr/223389511739

기후기술 발전이 필수적: 현재 상용화된 기술만으로 감축할 수 있는 탄소배출량은 2050년 글로벌 총 예상배출량의 43% 수준에 불과합니다.

(Environmental Defense Fund, 2022년 / '연평균 24.5% 성장이 예상'
출처: Future Market Insights 2023년)

기후기술은 크게 세 가지로 나누고 있습니다.

1. 직접적으로 배출량을 감축하거나 제거하는 탄소 포집 및 저장 기술
2. 재생에너지와 같은 탄소중립 에너지원으로 전환하는 기술
3. 지속가능한 생산 및 소비 방식으로 전환하는 기술 등

출처: 네이버 지식백과. 기후기술[climate technology] (한경 경제용어사전)

4

기업과 ESG

15. 한국기업의 ESG 대응

'ESG'가 최근 인터넷 검색어 상위권을 차지하고 있습니다. 이는 많은 사람이 'ESG'에 대해 관심을 기울이고 궁금증을 알아보고 있다는 말입니다. 세계적 시대의 조류에 뒤지지 않기 위해서 단순히 알아두고는 어느 정도 보조를 맞추려는 기업도 많을 것입니다.

그러나 글로벌 관점에서 볼 때 ESG를 알아두는 정도로는 끝나지 않습니다. 그냥 아는 것과 ESG를 실천해 지속가능한 발전을 이루는 것은 다릅니다. 글로벌 기준에서는 기업이 ESG를 지원하는 것은 '당연한 일'이 되었습니다. 더 말하면, '안다'하는 것이 아니라 '곧바로 실행한다'는 의식으로 바꾸지 않으면 글로벌 기준의 '기본'에서 크게 벗어나는 것입니다. 조금 과장하면 기업이 ESG에 대응하지 않는 것은 내 방에 불이 났는데 소화기나 물을 찾는 게 아니라 '불이 난 걸 안다'며 딴 짓을 하는 것과 다름없습니다.

우리나라의 대기업 대부분은 ESG 경영을 표방하고 중소기업도 이에 따른 후속 조치를 요구받고 있지만, 아직도 국민 대부분은

ESG에 대해 잘 모르는 것이 현실입니다.

정부정책에 맞춰 세계적인 수준으로 나아가는 실천이 필요합니다. 방향을 바르게 설정하고 ESG 파고를 넘기 위해 곧바로 실행을 해야 합니다. ESG는 행동을 해야 의미가 있지, 행동하지 않으면 의미가 없습니다.

우리나라의 규칙이 아닌 그 나라의 규칙에 맞춰야 합니다.

미국 IRA(인플레이션 감축법)

인플레이션 감축법(Inflation Reduction Act, IRA)이란 조 바이든 행정부의 정책인 Build Back Better에 포함되는 미국가족계획(American Families Plan)의 수정안으로서 기후변화 대응 및 의료보험 확대 등의 내용을 담고 있는 법안이다.

변경된 법안 이름에 알맞게 2022년 발생한 인플레이션을 해결하고자 정부 지출을 줄이자는 취지로 제안된 수정안으로서 기존 원안보다 예산이 대폭 삭감되었다. 지출 수준이 삭감된 수준을 넘어서 법안의 예정대로라면 오히려 수입이 더 커서 흑자를 보는 구조다.

북미산 생산품에 대한 세액 공제, 보조금 혜택 요소들과 중국산 광물과 이차전지 배제는 그야말로 노골적인 미국의 불공정 행위이기에 유럽연합서도 미국에 대해 직접 경고를 하며 미국이 불공정 요소들을 고치지 않을 경우 "유럽식 IRA"로 미국의 IRA에 맞대응하겠다고 할 정도이다.

출처: 나무위키+
https://namu.wiki/w/%EC%9D%B8%ED%94%8C%EB%A0%88%EC%9D%B4%EC%85%98%20%EA%B0%90%EC%B6%95%EB%B2%95

16. 기업이 '비재무정보' 공개에 주력

ESG 투자는 비재무정보 공개를 기준으로 합니다. 기업은 최근 연례 보고서나 지속가능성 보고서, 통합보고서 등을 통하여 자발적으로 비재무정보를 게시하게 되었습니다.

'비재무정보'는 재무정보처럼 명확한 정의가 없지만 아래와 같은 폭넓은 정보를 포함합니다. 또한 2020년 9월 세계경제포럼이 제시한 '21 핵심 지표'는 어떤 비재무정보를 공개해야 하는지를 생각하는 데 도움이 됩니다.

비재무정보 공개에 주력하는 것은 기관투자자와 소비자의 눈에 신경을 쓰기 때문입니다. 비재무정보를 공개하려면 필연적으로 온실가스 배출량과 물 사용량, 여성 임원 비율 등을 지속적으로 측정해야 합니다. 이에 따라 '어떻게 하면 온실가스의 배출량을 줄일 수 있을까' 등 구체적으로 ESG 과제의 해결을 생각하게 되고, 사회의 요구에 맞는 신상품과 서비스를 만들어내는 혁신으로 연결됩니다.

'비재무정보'에 포함된 정보란 무엇입니까?

- 연차보고서 등 재무보고 내의 재무제표 이외의 정보
- 지속가능성 보고서 등에서 공개되는 환경 · 사회면에 관련된 정보
- 거버넌스 정보(내부 통제 보고서, 거버넌스 보고서 등의 정보)
- 경영이념 및 중장기 경영 계획과 같은 경영 정책에 대한 정보
- 비즈니스 모델 및 경영 전략에 대한 정보
- 무형 자산(브랜드, 특허, 인적 자본 등)에 관한 정보

비재무정보의 공개는 내부에 변혁을 촉구하는 메시지이기도 합니다. 그 이외에도 타사와의 차별화, 거래처나 고객으로부터의 신뢰도 상승, 우수한 인재의 확보 등 지속적인 성장으로 이어지는 이점을 낳는 효과를 기대할 수 있습니다.

세계경제포럼이 공개를 요구하는 '21의 핵심지표'

구분	테마	핵심 지표 및 공개 사항
거버넌스 원칙	기업의 목적	① 목적 설정
	통치기관의 질	② 거버넌스 기관의 구성
	이해관계자와의 대화	③ 이해관계자에 영향을 미치는 중요한 사항
	윤리적 행동	④ 부패 방지 ⑤ 윤리적 조언과 통보 제도의 보호

	위험과 기회	⑥ 위험과 기회를 비즈니스 프로세스에 통합
지구	기후변화	⑦ 온실가스 배출량 ⑧ TCFD 제언 실시
	자연의 상실	⑨ 토지 이용과 생태계에 대한 배려
	담수 이용 가능성	⑩ 물 스트레스 지역에서의 물 사용량 및 취수량
사람들	존엄과 평등	⑪ 다양성과 포함 ⑫ 급여 평등 ⑬ 임금 수준 ⑭ 아동노동, 강제 노동 위험
	건강과 웰빙	⑮ 건강과 안전
	미래를 위한 기술	⑯ 교육훈련
번영	고용과 부의 창출	⑰ 고용자 수와 퇴직자의 상황 ⑱ 경제적 공헌 ⑲ 금융투자에 공헌
	더 나은 제품 및 서비스 혁신	⑳ 연구개발비 총액
	커뮤니티와 사회의 활력	㉑ 납세총액

출처: 모리나오끼 외 6인(2022). ESG를 잘 아는 책

17. ESG 투자의 필요성

환경, 사회, 지배구조를 고려한 ESG 투자가 세계적으로 확산하고 있지만, 투자는 고수익을 원하는 것인 이상, 투자자에게 이익이 돌아가야 합니다. 그래서 의문이 드는 것이 기관투자자가 ESG 투자를 하면 장점이 있는가 하는 점입니다.

지금까지 기업의 이익이었던 화석연료 사용, 저임금, 아동노동, 일방통행식 결정 등이 이젠 손실비용이 되는 것입니다. 투자자는 기업의 ESG 경영보고서를 보고 투자를 하고 주주권을 행사해 이사의 교체도 요구할 것입니다. 모든 투자가 공개된 ESG 정보를 보고 투자를 하게 됩니다.

ESG 투자에 유입되는 자금이 늘어나면 기업은 투자자로부터 투자를 받기 위해 ESG 평가를 향상시킬 필요성이 증가합니다. 이에 따라 기업의 ESG 대응이 강화되면 장기적인 기업 가치의 향상으로 이어지므로 주가가 상승하고 결과적으로 기관투자자는 고수익을 누릴 수 있습니다. 아직 분명히 결과는 나오지는 않았지만, ESG 평가가 높은 기업은 그렇지 않은 기업에 비해 높은 성과를 나타내게 될 것입니다.

또한 기업이 ESG를 배려하면 환경보호, 인권보호로 이어지므로 세상은 더 나은 방향으로 나아갑니다. 그 혜택은 일반 시민에게도 퍼져 SDGs(지속가능발전목표)의 달성에도 직결하게 됩니다. ESG 투자는 SDGs의 달성으로 이어지고, 환경, 사회, 경제에 선순환을 가져올 가능성이 큽니다.

한국 투자확대로 인한 선순환 구조

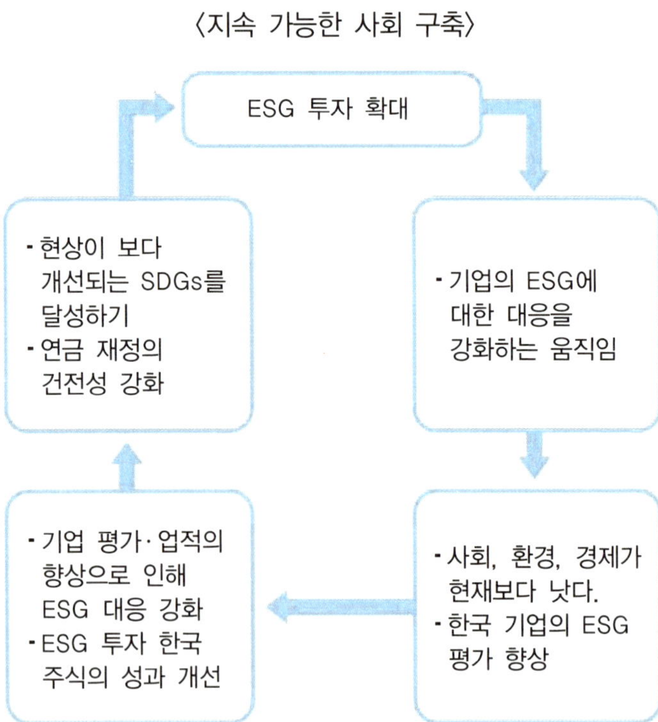

출처: 후마겐지(2021). ESG 초입문

18. ESG를 통한 미래, 순환경제

2022년 7월 시행된 지속가능발전 기본법은 제1조(목적)으로 '이 법은 경제 · 사회 · 환경의 균형과 조화를 통하여 지속가능한 경제성장, 포용적 사회 및 기후 · 환경 위기 극복을 추구함으로써 현재 세대는 물론 미래세대가 보다 나은 삶을 누릴 수 있도록 하고 국가와 지방 나아가 인류사회의 지속가능발전을 실현하는 것을 목적으로 한다.'고 밝히고 있습니다. ESG를 통해 지속가능한 사회를 목표로 하는 경제로의 전환이 요구되고 정부에서도 시행령을 만들어 추진하고 있습니다.

인류는 지금까지 지하자원을 사용하여 물건을 만들어 소비하는 대량생산, 대량소비, 대량폐기의 경제구조를 이어왔습니다. 그 결과 기후변화, 자원부족 현상과 환경오염이 발생하고 있습니다. 태평양에는 버려진 플라스틱이 한반도 반 정도의 섬을 만들고 있고, 패스트패션으로 유행이 지난 제품의 일부는 생산 공장에서 바로 폐기장으로 갑니다. 저개발국가에서 생산되는 많은 상품이 대량생산과 대량소비 속에 대량폐기로 이어져 환경문제를 불러일으키는 것을 자주 볼 수 있습니다. 저개발국가의 자본으로는 소각 외엔 처리할 방법이 없어 심각한 대기오염으로 이어지는 것입니다.

현재는 이러한 문제를 해결하기 위해 지하자원을 생산하고 소비한 뒤 그 자원을 재활용해 원을 그리듯이 순환하는 경제구조로 전환되고 있습니다. 순환경제시스템은 일방적인 경제시스템에 비해 자원을 재활용할 수 있어 환경오염을 방지할 수 있습니다. 이를 통해 지속가능한 성장을 실현할 수 있습니다.

리사이클 섬유 바다에 버려지는 플라스틱 폐기물을 수거하여 화학적, 물리적 분쇄, 정재 과정을 거쳐 폴리에스테르 실을 만듭니다. 바다로 버려지는 플라스틱병으로 인해 환경과 바다 생물의 목숨이 크게 위협받고 있는데 조금이나마 이러한 과정을 통해 환경도 보호하고 재사용되는 과정으로 자원도 아끼게 됩니다.

출처: 후마겐지(2021). ESG 초입문

☞ 플라스틱 오염과 순환경제

기후변화와 더불어 플라스틱 오염은 에베레스트산 꼭대기에서부터 바다 가장 깊은 곳까지 전 세계에 영향을 미치고 있고 두 문제 모두 해양 생물 다양성에 나쁜 영향을 미치고 있다.

출처: https://www.bbc.com/korean/international-58674897

친환경 플라스틱, 업사이클링 등 기업의 역할 중요

플라스틱 문제 해결을 위해 기업이 할 수 있는 일은 없을까. 스타트업 테코플러스는 돌, 코코넛 껍질 등 식물의 부산물로 친환경 플라스틱을 만든다. 우리가 사용하는 플라스틱은 대부분 석유로 만들기 때문에 소각될 때 온실가스를 배출해 기후 위기를 앞당기지만, 테코플러스는 식물성 소재를 사용해 '식물 플라스틱'이라고 불리는 신소재 플라스틱으로 플라스틱 소각과 이로 인한 온실가스 문제를 해결할 수 있다.

플리츠마마는 폐페트병을 재활용해 가방과 의류를 만들어 판매한다. 작은 생수 페트병 16개가 버려지지 않고 니트 가방으로 재탄생한다. 서강희 플리츠마마 이사는 "근본적으로 페트병을 안 쓰는 게 가장 좋겠지만, 사용했다면 가능한 오랫동안 사용해 버려지는 걸 막아야 한다"고 말했다. 플리츠마마는 소비자가 한번 구매한 가방을 최대한 오래 쓸 수 있도록 무상 수리 서비스도 제공하고 있다.

출처: https://ppss.kr/archives/234751

☞ 폐플라스틱을 새로운 플라스틱으로 자원순환

플라스틱을 생산하는 화학기업 역시 지속가능한 플라스틱 생태계를 만들기 위한 노력을 시작했다. SK종합화학은 폐플라스틱에서 원료를 추출해 열화학 공정을 통해 다른 화학 플라스틱 제품을 생산하는 자원순환 사업을 준비 중이다. 폐플라스틱에 열을 가해 쪄내서 나온 열분해유를 이용해 새로운 플라스틱을 만드는 방법이다. 밀폐된 공정으로 미세 플라스틱이 배출되지 않고, 폐플라스틱을 소각하지 않고 재활용해 온실가스를 줄이는 효과도 있다.

SK종합화학은 폐플라스틱을 열화학 공정을 통해 새로운 화학 플라스틱으로 만드는 자원 순환 사업을 추진 중이다. SK종합화학은 지난해 말 그린비즈(Green Biz) 추진그룹을 만들고 플라스틱 리사이클링 기술개발에도 집중한다. 이종혁 그린비즈 추진그룹 담당자는 "화학기업으로서 플라스틱 문제에 책임감을 느끼고 우리가 생산하는 만큼 책임지고 재활용하겠다는 마음으로 작년 말 그린비즈 추진그룹을 만들었다"고 설명했다.

출처: https://ppss.kr/archives/234751

19. ESG의 표준 만들기는 유럽이 주도

(1) 사실상 표준

현재 ESG에 관한 규칙을 만드는 등 많은 주도권을 가진 곳은 유럽입니다. 유럽에서 만들어진 룰이 '사실상의 표준'이거나 '인증된 표준'이 되는 것이 세계적 추세입니다.

유럽의 글로벌 기업들이 사실상 ESG의 표준을 만들고 있습니다. 우리나라는 국가가 가이드라인을 제시하지 않으면 잘 움직이지 않지만, 유럽은 글로벌 기업들이 사실상의 표준을 만들고 각국의 경쟁기업에 강요하고 있습니다. 전 인류가 Windows로 개인용 컴퓨터 운영체계를 사용함으로써 이를 개발하고 표준화한 마이크로소프트사가 비즈니스를 매우 유리하게 전개하고 있는 것처럼 말입니다.

우리나라가 ESG의 규칙에 관심을 가지든 말든 그 어느 나라도 관심을 가지지 않습니다. 우리의 기준이 세계표준과 연동되지 못하면 우물 안 개구리처럼 살 수 밖에 없는 혹독한 결과를 가져올 수도 있습니다. 그리고 처음부터 표준에 맞추기 위한 과정을 다시 겪어야 합니다.

산업자본주의 룰에만 집착하면 스탠더드한 국제기준에는 벗어날 수밖에 없습니다. 정부의 정책과 기준이 글로벌 시장에서 크게 뒤처지지 않는 결과를 만들어야 합니다.

사실상 표준 (디팩토 스탠더드 De facto Standard) 법적 구속력은 없지만 경쟁의 결과 시장에서 인지되는 사실상의 표준으로 시장의 원리에 의해 보급	**인증된 표준** (디쥬르 스탠더드 De jure Standard) 공적으로 조직된 표준화된 기관에 의해 정식으로 채용된 '인증된 표준'
예를 들면 컴퓨터 운영체계 '윈도우(Windows)', 온실가스(GHG) 배출량의 선정 · 보고 기준의 'GHG 프로토콜' 재생가능한 에너지의 정의 'RE100' 인권기준 '유엔 비즈니스와 인권에 관한 지도 원칙'	예를 들면 국제표준화 기구가 정하는 'ISO규격' 국가기술표준원(KATS)이 정하는 'KS규격' 미국전기전자학회가 정하는 'IEEE규격' 국제전기통신연합이 정하는 'ITU 규격'

출처: 후마겐지(2021). ESG 초입문

(2) **택스노미**

ESG를 유럽에서 주도하고 그 기준에 택스노미가 있습니다. 2020년 6월 EU는 택스노미 가이드를 발표했습니다.
우리가 유럽으로 수출하는 수출품은 택스노미의 적용을 받게 됩니다.

☞ 택스노미

택스노미는 그리스어 '분류하다(taxis)와 '과학(nomas)'의 합성어로 생물학 분류체계에서 유래한다. 금융기관은 재무자료로 기업을 평가하고 투자 해왔다 기업의 사회적 책임(CSR)은 참고자료에 불과 했다. 그러나 비재무정보를 포함한 ESG 기준을 만들기 위해 환경분야 투자 지침인 '그린 택스노미' 발표했다. 기업의 친환경 이미지 세탁인 그린 워싱(green washing)을 걸러내고 지속 성장을 위해 그린 택스노미를 만든 것이다. 최근엔 EU의 법안으로도 통과되어 투자를 제한하는 법적 근거도 가져 최근 ESG 투자는 그린 택스노미를 근간으로 한다.
코로나 팬데믹 이후 사회적 이슈도 중요하다고 인식하고 사회적으로 지속 가능한가를 기준으로 세우고 그러한 투자를 촉진하기 위해 '소셜 택스노미'도 만들었다.
EU가 그린 택스노미와 소셜 택스노미를 만든 이유는 결국 기업의 지속가능한 성장이란 측면에서 환경만이 아닌 노동환경, 고객이나 사회에 해를 끼치는 행위들이 있다면 기업의 지속가능한 성장을 이룰 수 없기 때문이다.

출처: 정운찬(2024), ESG실천국민연대 창립대회 자료집

☞ 환경부 K- 택소노미 지정

저탄소 경제로 안정적으로 전환되기 위해서는 녹색채권 발행이 필수적이다. 녹색채권 활성화의 첫 시작은 '택소노미(Taxonomy)'다. 녹색산업에 대한 명확한 정의를 내리고, 어떤 경제활동이 해당하는지 가리는 작업이다.

환경부는 2021년 상반기까지 녹색 경제활동의 판단 기준이 되는 택소노미를 마련할 예정이다. 2020년 12월 '한국형 녹색채권 안내서'에 대략적인 내용이 공개됐다.

환경부는 6가지 환경목표 중 적어도 하나 이상에 기여해 '환경개선 효과'를 가져와야 한다고 정의했다.

① 기후변화 완화
② 기후변화 적응
③ 천연자원 보전
④ 생물다양성 보전
⑤ 오염 방지 및 관리
⑥ 순환 자원으로의 전환

구체적으로 녹색채권원칙(GBP)를 참고하여 10대 분야를 언급했다. 신재생에너지 에너지 효율, 오염 방지 및 저감, 지속가능한 농 · 축 · 어업 등 생물 다양성 보전, 청정 운송, 지속가능한 수자원 관리, 기후변화 적응, 순환경제, 친환경 건물 분야 등이다.

출처: 사회적가치연구원. ESG 핸드북 베이직

(3) 탄소국경조정제도

유럽연합의 탄소국경조정제도(CBAM)는 2023년 10월 시범 도입되어 2026년 본격 도입을 합니다. 수출주도의 경제구조를 가지고 있는 우리나라의 경우, EU 수출기업은 탄소배출량 정보를 EU 수입기업에 제출해야 합니다.

유럽연합으로 들어가는 수출품에 대해 탄소 가격을 동등하게 부과·징수하는 제도로 철강, 알루미늄, 시멘트, 비료, 전력, 수소 등 6개 품목은 수출을 하기 위해선 제품이 만들어지는 과정에 발생한 온실가스 배출량을 유럽연합 수입회사에 의무적으로 보고해야 합니다. 우리나라의 주요 수출품목이 철강, 반도체, 석유화학 등인만큼 2026년 조정제도가 본격화되면 아무리 물건을 싸게 만들어도 생산과정에서 탄소를 많이 배출한 기업의 글로벌 가격경쟁력은 저하될 것으로 보입니다.

20. 그린 워싱을 한 기업의 현실

기업의 ESG 과제 해결에 소비자와 투자자의 눈이 집중되면서 기업은 공헌하고 있다는 것을 보이기 위해 '그린 워싱'을 하는 기업도 나오고 있습니다. 그린 워싱은 소비자나 투자자에 대한 눈속임일 수밖에 없습니다.

그린 워싱(Green washing)은 기업이나 단체에서 실제로는 환경보호 효과가 없거나 심지어 환경에 악영향을 끼치는 제품을 생산하면서도 허위·과장 광고나 선전, 홍보수단 등을 이용해 친환경적인 모습으로 포장하는 '위장환경주의' 또는 '친환경 위장술'을 가리킵니다(나무위키). 뒤에서는 인권침해나 강제노동에 관여하고 있는데, 표면상은 반대를 표명하는 등 '인도적'이고 '배려한다'는 가면을 쓰는 '블루 워시'라는 말도 있습니다.
최근에는 '에스디지(SDGs) 워시'라는 단어도 볼 수 있습니다. SDGs에 관한 정보를 적극적으로 공개하고 그것을 널리 알리는 것은 중요하지만, 거짓말을 하거나 과장 및 애매한 표현을 사용해서는 안 됩니다.

그린 워싱을 하는 기업을 소비자나 투자자는 거버넌스에 문제가 있는 조직으로 보고 무엇을 해도 신뢰감을 가지기 힘들고, 경우에 따라서는 소비자로부터 불매운동의 대상이 되기도 합니다.
다음의 표들은 영국 후테라사의 그린 워싱과 캐나다의 테라초이스사가 그린 워싱으로 인식되지 않게 피해야 할 것을 정리한 것입니다. 요즘은 디지털혁명의 시대로 소비자가 다양한 경로로 기업의 실태를 간파하고 감시의 눈을 빛내고 있습니다. 결국 진실한 기업이 신뢰를 얻는 것을 잊지 말아야 합니다.
기업이 정확한 정보를 공개하면 투자자들은 ESG에 진지한 기업을 투자 대상으로 정확하게 선택할 수 있습니다. 그런 의미에서도 성실하고 정확한 정보공개는 매우 중요합니다.

(1) 한국의 그린 워싱 정의

한국 ESG 기준원이 2023년 3월에 발표한 '그린 워싱 유형별 사례 분석'을 보면 그린 워싱을 다음과 같이 정의했습니다.

① 조치 또는 누락에 의해 기업의 공시자료 또는 금융상품의 특성/목적이 기업의 근본적인 지속가능성 위험(risk)과 영향(impact)을 적절히 반영하지 못하는 기업 관행

② 상품이나 용역의 환경적 속성 또는 효능에 관한 상품 표시 · 광고 · 홍보가 허위 혹은 과장되어서 단지 친환경적 이미지만으로 경제적 이익을 보는 것

③ 실제로는 친환경적이지 않지만 마치 친환경적인 것처럼 홍보하는 등 거짓으로 기업 이미지를 각색하는 행위

④ 기업의 제품, 목표, 정책이 환경친화적이라는 점을 대중에게 설득하기 위한 광고 또는 마케팅의 한 형태

(2) 캐나다의 그린 워싱의 7가지 죄악

캐나다의 친환경 컨설팅사인 테라초이스(TerraChoice)는 2007년과 2010년 발간한 두 차례의 보고서에서 기업들이 다양한 방식으로 그린 워싱을 저지르고 있다는 사실을 밝히며, 그 행위들을 '죄악'이라고 규정했습니다.

그린 워싱은 "기업의 환경 관행, 제품 및 서비스의 환경적 편익에 대하여 소비자를 오도하는 행위"입니다. 테라초이스의 정의에 따르면 이 오도(誤導)로 인한 경제적, 사회적 폐해가 매우 심각하다고 밝히고 있습니다.

출처: https://www.impacton.net/news/articleView.html?idxno=10478

캐나다의 테라초이스(TerraChoice) '그린 워싱의 7가지 죄악'

1. 상충효과 감추기(Hidden Trade-Off) : 친환경적인 특정 속성만 강조해 다른 속성의 영향은 감추는 행위
2. 증거 불충분(No Proof) : 근거 없이 친환경이라고 주장
3. 애매모호한 주장(Vagueness) : 광범위하거나 오해를 일으킬 수 있는 용어 사용
4. 관련성 없는 주장(Irrelevance) : 내용물은 친환경과 무관한데 용기가 재활용된다는 이유로 친환경 제품이라고 표기
5. 유해상품 정당화(Lesser of Two Evils) : 환경적이지 않지만 다른 제품보다 환경적일 때 친환경이라 주장
6. 거짓말(Fibbing) : 거짓을 광고
7. 부적절한 인증라벨(Worshiping False Labels) : 인증 받은 상품처럼 위장

출처: 나무위키. 그린워싱

(3) 영국의 사례

국제지속가능전략 컨설팅 영국의 후테라사(Futerra)는 2008년 그린 워시 가이드를 통해 '그린 워싱 10대 징후'를 발표함으로써 그린 워싱에 대한 인식과 예방에 대한 기준을 도입하였습니다.

그린 워시(Green wash, 녹색세탁) Futerra사의 위장 환경주의 특징

1. **애매한 표현** : 명확한 의미가 없는 단어 또는 용어(친환경)가 나열되었다.
2. **오염된 공장이 만드는 무늬만 친환경 제품** : 강을 오염시키는 공장에서 생산된 에너지 절약형 전구 등이 대표적인 사례이다.
3. **변죽만 울리는 친환경 이미지 또는 사진 활용** : 생태적이거나 친환경적인 인상을 주는 이미지를 사용하지만 실제로는 그렇지 않다.
4. **작은 공헌을 과장하거나 다른 것을 숨기는 데 이용** : 기업의 좋은 사례 하나를 부각하고 다른 전체적인 부정적인 실체를 숨긴다.
5. **작은 집단 내에서만 비교** : 기업 전체에 문제가 있어도 작은 부서의 친환경적인 활동 또는 제품을 홍보하는 것이다.
6. **제품 자체가 비환경적인 제품** : 아무리 친환경으로 포장하더라도 의미가 없는 것들이다. 일례로 '환경에 친화적인 담배'와 같은 방식의 선전들이 그것이다.
7. **난해한 용어의 남발** : 과학자, 연구자만이 확인 또는 이해할 수 있는 전문용어와 정보를 나열하여 소비자를 현혹하는 것이다.
8. **가공의 제3자 이용** : 마치 권위 있는 제3자가 객관적으로 승인한 것처럼 보이게 붙인 라벨 따위로 소비자를 현혹하는 것이다.
9. **증거부족** : 친환경, 사회적 공헌이라고 믿을 수 있는 증거를 표시하지 않는다.
10. **명백한 거짓** : 날조된 정보 또는 데이터를 사용하여 기업, 제품, 서비스를 조작하는 것이다.

*번역: 이창언 경주대 교수, 신윤철 중국 난징대 박사과정

출처: 영국 후테라사(Futerra) 'The Green wash Guide'에서 작성

21. ESG 평가와 정보공개

ESG평가는 기업, 정부, 지방자치단체, 공공기관, 학교, 병원 등이 지속 가능성과 사회적 책임을 이행하는 데 있어 중요한 역할을 합니다. 이는 단순히 경제적 성과에만 집중하는 것이 아니라, 환경보호, 사회적 공헌, 그리고 투명하고 책임 있는 거버넌스를 통해 종합적인 가치를 창출하는데 중점을 둡니다(고문환. 월간 환경기술).

K-ESG 평가원은 지속가능한 발전과 기업의 성장, 사회발전을 위하여 대한민국 상황에 부합하는 ESG 가치와 전략을 실현하기 위해 활동합니다. 주요 사업은 ESG 진단을 바탕으로 문제 발굴, 선도기업과의 격차분석, 장단기 전략개발과 추진과제 구축, 지속가능한 발전과 성장을 컨설팅하고 있습니다.

기업 및 투자자 활동에서 ESG는 실질적인 변화를 일으키고 있으며, ESG 정보에 대한 수요가 점차 늘고 있습니다.

2021년 1월 금융위원회는 기업공시부담 경감, 투자자 보호 강화, ESG 책임투자 기반 조성 등을 위하여 '기업공시제도 종합개선방안'을 추진하겠다고 밝혔습니다. 여기에는 ESG 정보의 자율공시를 활성화하고 단계적으로 공시를 의무화하는 내용이 포함되어 있습니다.

(1) **지배구조 보고서**

G의 기업지배구조 보고서는 한국거래소가 제정한 '기업지배구조 보고서 가이드라인'에 따라 작성해야 합니다. 가이드라인에 따르면, 지배구조 보고서를 작성하는 기업은 유가증권시장 공시규정에서 정하는 기업지배구조 핵심원칙에 대해 '원칙준수' '미준수 시 사유설명' 방식으로 기재해야 합니다.

10가지 핵심원칙은 주주, 이사회, 감사기구에 관한 사항으로 구성되어 있고, 기업지배구조 보고서 의무공시 대상을 단계적으로 확대하여 2026년부터 전 코스피 상장사에 의무화할 계획을 담고 있습니다.

기업지배구조 보고서 공시의무화 단계별 확대방안

적용시기	현행	'22년	'24년	'26년
자산총액	2조 원 이상	1조 원 이상	5천억 원 이상	全 코스피 상장사

(2) **지속가능 보고서**

E(환경)와 S(사회)는 공식적인 지침이 없는 상황에서 소수의 기업만이 지속가능경영 보고서 등을 통해 관련 정보를 공시하고 있습니다. 한국거래소는 이번 개선방안의 일환으로 'ESG 정보공

개 가이던스'를 발표하였으며, 이를 통해 지속가능경영 보고서의 거래소 자율 공시를 활성화하고, 단계적으로 의무화할 예정입니다.

지속가능경영 보고서 공시 활성화 및 단계별 의무화 방안

1단계(~'25년)	'지속가능경영보고서' 자율공시 활성화
2단계('25년~'30년)	일정 규모 이상(예: 자산 2조 원 이상) 코스피 상장사에 대하여 공시 의무화
3단계('30년~)	전체 코스피 상장사에 대하여 공시 의무화

(3) ESG 정보 공개 가이던스

한국거래소가 제정한 'ESG 정보 공개 가이던스'는 기업과 투자자의 지속가능경영에 대한 인식을 제고하고, ESG 정보공개의 확대를 통해 지속가능투자 문화의 활성화를 유도하며, ESG 정보를 공개하는 경우 이를 위한 기본원칙 등에 대한 가이드를 제공하는 것을 그 목적으로 합니다.

가이던스는 다음과 같이 ESG 정보공개의 필요성, 보고서 작성과 공개 절차, 그 과정에서 준수해야 할 원칙 및 ESG 정보공개와 관련한 글로벌 표준 등으로 구성되어 있습니다.

ESG 정보공개 가이던스 목차

구분	주요내용
1. 목적	가이던스 제정의 목적
2. ESG의 개념	ESG의 개념, 정보공개의 필요성
3. 이사회 및 경영진의 역할	ESG 이슈 관리를 위한 이사회·경영진의 역할
4. 정보공개원칙	ESG 정보공개 과정에서 준수해야 할 원칙
5. 중요성	중요성의 개념 및 중요성 평가 절차
6. 보고서 작성 및 공개 절차	이해관계자 의견수렴 등 보고서 작성 절차
7. 공개지표	주요 정보공개 표준 및 권장 공개지표
[참고] 주요 표준의 공개지표	WFE, TCFD 및 GRI의 공개지표

출처: 한국거래소(2021). ESG 정보 공개 가이던스

(4) ESG 정보 공개 가이던스 권고 지표

가이던스는 다양한 정보공개 표준/이니셔티브들이 제시하는 지표 중 핵심적이고 공통적인 지표를 권고 지표(12개 항목, 21개 지표)로 제시하고 있습니다. 기업이 ESG 정보를 공개할 경우 권고 지표를 포함하는 것을 고려할 필요가 있습니다. 기업은 '공개 또는 설명(respond or explain)'의 원칙에 따라 지표를 공개하고, 만약 특정 지표가 생략되는 경우 주석 등을 이용하여 그 이유를 설명할 수 있습니다.

정보는 연1회 이상 공개하는 것을 원칙으로 하고, 매년 일정한 시기에 공개하는 것을 권고합니다. 투자자들이 ESG 요소와 재무정보를 연계하여 평가할 수 있도록 이를 공개하는 시기는 사업보고서를 공개하는 시점과 지나치게 차이가 나지 않도록 하는 것이 바람직하다고 설명하고 있습니다.

ESG 정보공개 가이던스의 권고 지표

구분	항목	지표	비고
조직	ESG 대응(1)	경영진의 역할	ESG 이슈의 파악·관리와 관련한 경영진의 역할
	ESG 평가(1)	ESG 위험 및 기회	ESG 관련 위험 및 기회에 대한 평가
	이해관계자(1)	이해관계자 참여	이해관계자의 ESG 프로세스 참여 방식

	온실가스 배출(3)	직접 배출량 (Scope 1)	회사가 소유하고 관리하는 물리적 장치나 공장에서 대기 중으로 방출하는 온실가스 배출량
		간접 배출량 (Scope 2)	회사 소비용으로 매입 또는 획득한 전기, 냉난방 및 증가배출에 기인한 온실가스 배출량
		배출 집약도	활동, 생산 기타 조직별 미터법의 단위당 배출된 온실가스 배출량
환경	에너지 사용(3)	직접 에너지 사용량	조직이 소유하거나 관리하는 주체의 에너지 소비량
		간접 에너지 사용량	판매제품의 사용 및 폐기처리 등 조직 밖에서 소비된 에너지 소비량
		에너지사용 집약도	활동, 생산 기타 조직별 미터법의 단위당 필요한 에너지 소비량
	물사용(1)	물 사용 총량	조직의 물 사용 총량
	폐기물 배출(1)	폐기물 배출 총량	매립, 재활용 등 처리 방법별로 폐기물의 총중량
	법규위반·사고(1)	환경 법규 위반·사고	환경 법규 위반·환경 관련 사고 건수 및 조치 내용

사회	임직원현황(4)	평등 및 다양성	성별·고용형태별 임직원 현황, 차별 관련 제재 건수 및 조치 내용
		신규고용 및 이직	신규 고용 근로자 및 이직 근로자 현황
		청년인턴 채용	청년인턴 채용 현황 및 정규직 전환 비율
		육아휴직	육아휴직 사용 임직원 현황
	안전·보건(3)	산업재해	업무상 사망, 부상 및 질병 건수 및 조치 내용
		제품안전	제품 리콜(수거, 파기, 회수, 시정조치 등) 건수 및 조치 내용
		표시·광고	표시·광고 규제 위반 건수 및 조치 내용
	정보보안(1)	개인정보 보호	개인정보 보호 위반 건수 및 조치 내용
	공정경쟁(1)	공정경쟁·시장 지배적 지위 남용	내부거래·하도급거래·가맹사업·대리점거래 관련 법규 위반 건수 및 조치 내용

출처: 한국거래소(2021). ESG 정보 공개 가이던스

22. ESG 경영

ESG 경영은 새로운 것이 아닌, 기업이 이미 당연히 했었어야 하는 것들입니다. 기업이 비즈니스를 하면서 발생하는 환경파괴, 안전사고 등의 부정적인 결과들과 고용창출, 사회공헌과 같은 긍정적인 결과들을 사전에 예측하고, 부정적인 결과들을 최소화하고 긍정적인 결과들을 극대화하는 노력을 '이미' 했어야 했습니다. 만약 기업들이 환경과 사회에서 아무런 문제를 발생시키지 않고, 우리가 기후위기에 직면하지 않았더라면 ESG라는 용어는 등장하지도 않았을 것입니다. 반대로 지금 우리가 ESG라는 용어로 정의된 인류의 과제들을 기업 경영 관점으로 제대로 풀어내지 않으면 인류의 당면한 과제는 ESG가 아닌 다른 새로운 용어로 끊임없이 우리 앞에 등장할 것입니다.

출처: 신지현(2022). 한 권으로 끝내는 ESG 수업. 중앙books:서울

(1) ESG 경영의 중요성

ESG 경영은 단순히 법규 준수 이상으로 기업이 지속가능하고 윤리적인 운영을 추구하며 장기적인 가치 창출에 주력해야 한

다는 접근입니다. ESG 요소들은 글로벌 비즈니스 커뮤니티에서 중요시되며 기업들은 ESG 원칙들을 내재화하여 전략 수립과 실행에 반영하고 있습니다.
ESG 경영은 기업의 지속가능성을 측정하는 지표로, 기업의 장기적인 성장과 발전에 필수적이며, 투자자들의 투자 의사결정에도 중요한 요소로 작용하고 있습니다.

ESG 경영을 통해 기업은 다음과 같은 이점을 얻을 수 있습니다.

① **장기적인 성장과 발전** : ESG 경영을 통해 기업은 환경, 사회, 지배구조 측면에서 지속가능한 경영을 할 수 있습니다. 이는 기업의 장기적인 성장과 발전에 기여합니다.

② **투자자들의 신뢰 확보** : ESG 경영을 통해 기업은 투자자들의 신뢰를 얻을 수 있습니다. 이는 기업의 자금 조달을 용이하게 하고, 기업의 가치를 높이는 데 도움이 됩니다.

③ **사회적 책임의 실천** : ESG 경영을 통해 기업은 사회적 책임을 실천할 수 있습니다. 이는 기업의 이미지를 제고하고, 사회 발전에 기여하는 데 도움이 됩니다.

ESG는 전 세계적으로 중요성이 높아지고 있는 추세입니다. 기업들은 ESG 경영을 강화하기 위해 다양한 노력을 기울이고 있으며, 투자자들은 ESG 경영을 하는 기업에 투자를 확대하고 있습니다. 앞으로도 ESG 경영은 기업의 지속가능성을 위한 필수

요소로 자리 잡아가고, 기업의 경영 패러다임의 변화를 가져올 것으로 예상됩니다.

(2) ESG 경영의 핵심

① **환경보호**: 환경보호는 ESG 경영의 가장 기본적인 요소로 가장 많은 비중을 차지하며 기업은 환경오염을 방지하고 자연환경을 보호하기 위한 노력을 기울여야 합니다. 기업은 다음과 같은 노력을 통해 환경보호를 실천할 수 있습니다.

㉠ **탄소 배출 감축**: 기업은 제품 생산 및 서비스 제공 과정에서 발생하는 탄소 배출을 줄이기 위해 노력해야 합니다.

㉡ **폐기물 감축**: 기업은 제품 생산 및 서비스 제공 과정에서 발생하는 폐기물을 줄이기 위해 노력해야 합니다.

㉢ **친환경 제품 및 서비스 개발**: 기업은 친환경 제품 및 서비스를 개발하여 환경에 미치는 영향을 최소화해야 합니다.

② **사회적 책임**: 기업은 노동, 인권, 고객, 지역사회 등 다양한 이해관계자들과 함께 지속가능한 발전을 추구해야 합니다. 기업은 다음과 같은 노력을 통해 사회적 책임을 다할 수 있습니다.

㉠ **노동자의 권익 보호**: 기업은 노동자의 근로 조건, 근로 시간, 임금 수준 등을 개선하여 노동자의 권익을 보호해야 합니다.

ㄴ **인권 존중** : 기업은 인종, 종교, 성별, 성적 지향 등과 관련된 차별을 금지하고, 모든 사람의 인권을 존중해야 합니다.

ㄷ **고객 보호** : 기업은 소비자의 안전과 권익을 보호하기 위해 노력해야 합니다.

ㄹ **지역사회 공헌** : 기업은 지역사회의 발전에 기여하기 위한 다양한 활동을 전개해야 합니다.

③ **투명성 및 책임성** : 기업은 경영활동을 투명하게 공개하고 책임 있는 윤리 경영을 실천해야 합니다. 기업은 다음과 같은 노력을 통해 투명성 및 책임성을 높일 수 있습니다.

ㄱ **경영 정보의 투명한 공개** : 기업은 경영활동에 대한 정보와 데이터를 투명하게 공개해야 합니다.

ㄴ **윤리적 경영의 실천** : 기업은 윤리적 경영을 실천하여 이해관계자들과 신뢰를 구축해야 합니다.

ㄷ **지속가능경영 보고서의 발행** : 기업은 ESG 경영의 성과를 지속가능경영 보고서를 통해 투명하게 공개해야 합니다.

출처: 후마겐지(2021). ESG 초입문

23. ESG 경영과 디지털 전환(DX)

디지털 전환(Digital Transformation, DX)이란 인공지능, 클라우드, 데이터 등 디지털 기술을 기반으로 기업의 조직 문화, 비즈니스 모델 및 산업 생태계를 혁신하고 고객과 시장의 변화에 대응하여 새로운 가치를 창출할 수 있는 기업으로 변환하는 과정을 뜻합니다. '기업 실적을 향상시키기 위해서 디지털 기술을 사용해 비즈니스 모델이나 업무 프로세스, 기업 풍토 등 광범위하게 기업을 변혁시키는 것'입니다. 언뜻 보면, '디지털 전환'은 'ESG'와 무관하게 보이지만, 디지털 전환은 ESG 경영의 성공 여부를 파악하는 핵심 요소입니다.

ESG 경영에서 중요한 '비재무정보'는 가시화가 쉽지 않습니다. 예를 들어, '폐플라스틱을 100% 재활용한다'는 목표를 설정하고 그 진행 상황을 어떻게 파악할 수 있을까요? 이를 위해서는 물류를 추적하여 데이터를 수집 · 분석해서 디지털 기술로 가시화할 필요가 있습니다. 그러면 진행 상황을 제때 파악할 수 있기 때문에 신속한 정보공개를 할 수 있고, 이해관계자의 신뢰를 얻을 수도 있습니다. 그 정보를 바탕으로 신속한 경영 판단, 신상품·서비스의 빠른 투입, 작업 효율 향상, 비용 절감 등의 이점을 기대할 수 있습니다. 즉 디지털 전환 없이 환경·사회 과제 해결은 어렵다고 해도 과언이 아닙니다.

코로나19 팬데믹을 겪으며 경제·사회 부문에서 디지털화는 혁신적인 방향으로 자리 잡았습니다. 디지털 기술과 그 응용은 기후 중립과 지속가능한 생산 및 소비에까지 기여하고 있습니다. 특히 제조업 분야에서 디지털 기술을 융합한 스마트 제조 등의 디지털 전환이 촉진되고, IoT를 기반으로 한 서비스 제공 모델이 등장하는 등 제조업의 비즈니스 모델도 변화하고 있습니다. 우리나라의 초고속 인터넷과 AI를 통한 공장 자동화 등은 저출산 시대의 생산인구 감소에 대응하는 중요한 부분이 될 것입니다. 디지털 전환을 통한 기업의 효율성 및 생산성 향상은 시장 수요 및 산업구조 변화에 발맞추고 경쟁력을 확보하는 데 매우 중요합니다.

디지털 전환 기대효과

원가경쟁력 확보	신제품 · 서비스 발굴	생산성 · 효율성 향상
업무 프로세스 개선, 생산의 아웃소싱, 물류 · 유통구조 개선, 디지털 기술 적용을 통해 제품 설계 최적화 및 효율적인 소재부품 조달 등 스마트 공급망 및 재고 관리 시스템 구축	개발 및 차별화 혁신적인 제품 및 서비스 개발을 통한 새로운 비즈니스 모델 발굴	연구개발 기간 단축, 생산 최적화 및 불량률 최소화, 유지보수 비용 절감, 설비 자동화를 통한 생산성 및 효율성 향상 효율적인 제조공정, 가치사슬 최적화 등으로 탄소배출을 감소시켜 기후위기 대응에도 간접적으로 기여

출처: 부산진해경제자유구역 전략산업지원과
https://www.bjfez.go.kr/kor/01411/01682/01687.web

디지털 전환이란?

> **디지털 전환**
> DX, Digital transformation
> 기업의 우위를 확립하기 위해 디지털 기술을 활용하여 비즈니스 모델, 업무 프로세스, 기업 풍토 등을 변혁시키는 것으로 업무 효율화를 목적으로 하는 'IT화와는 다릅니다.

DX는 디지털 기술을 사용하여 조직에 변혁을 가져올 것입니다. DX와 ESG 모두 기업에 다양한 변혁을 가져다주는 장치가 됩니다.

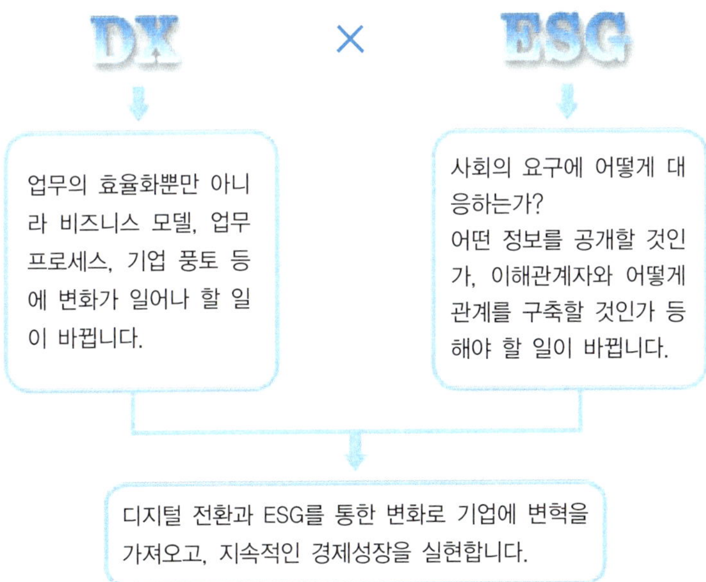

출처: 후마겐지(2021). ESG 초입문

24. ESG 경영의 사고 전환

ESG 경영을 하기 위해선 여러 가지 필요한 것이 있지만 그 가운데 두 가지 중요한 사고방식이 있습니다. 대기업이 아닌 중소기업이라고 해도 'ESG 경영'에 무관심할 수는 없습니다. ESG 경영을 하기 위해서는 우선 마음가짐을 바꿀 필요가 있습니다.

(1) 백 캐스팅

누구나 항상 목표를 세웁니다. 그리고 그 목표를 이루기 위해 계획을 세웁니다. '포 캐스팅'은 현재 상태나 과거의 데이터를 근거로 목표를 세우게 됩니다.

'시작(현재)은 어떻고, 1단계 목표는 어떻고, 달성하면 2단계 목표는 어떠해서 결과로 수익을 극대화한다' 이러한 단계에 따른 세부방안들을 정리합니다.

일반적으로 정부나 기업들은 오래전부터 지금 하는 일의 연장선의 결과를 목표로 하는 '포 캐스팅'으로 생각합니다. 과거의 연장선이나 현재 시행되는 일들을 바탕으로 미래를 그리게 되기 때문에 혁신적인 아이디어라기보다는 현재 진행되는 일 중에

개선해야 하는데 필요한 아이디어가 많습니다. 그러다 보니 혁신적인 미래를 담아내기는 어렵습니다.

그러나 ESG 경영에서 목표 설정은 다릅니다. 아이디어 실현을 위해 미래에 야심적인 목표를 내걸고 지금 해야 할 일을 역산하여 생각하고 행동하는 '백 캐스팅'이라는 생각입니다. 백 캐스팅으로 생각하면 기존 방법이 아닌 새로운 해결책이 필요하기 때문에 파격적 상상이 생길 가능성이 높아집니다.

테슬라의 전기자동차를 생각해봅시다. 내연기관을 바탕으로 발달 되어온 자동차 산업, 정유와 철강 산업까지 모든 것이 '전기자동차가 언젠가 되긴 하겠지' 하지만 '지금은 아니다'라고 생각했습니다.

테슬라의 일론 머스크 회장은 전기자동차용 배터리도 없고 충전소도 없는데 전기자동차를 만들겠다는 생각을 하고 이를 실현하기 위해 백 캐스팅을 한 것입니다.

스마트 폰도 그렇고, 지금 세계적인 기업들 대부분은 이렇듯 최종 결과에서 역산으로 계산해 오는 방식의 백 캐스팅으로 성공을 하였습니다.

백 캐스팅은 상상하는 미래의 목표를 위해 역순으로 생각하는 것입니다. ESG 경영에 꼭 필요한 사고방식으로 야심찬 목표를 내걸고, '백 캐스팅'으로 생각합시다.

❙ 백 캐스팅 바람직한 미래의 모습

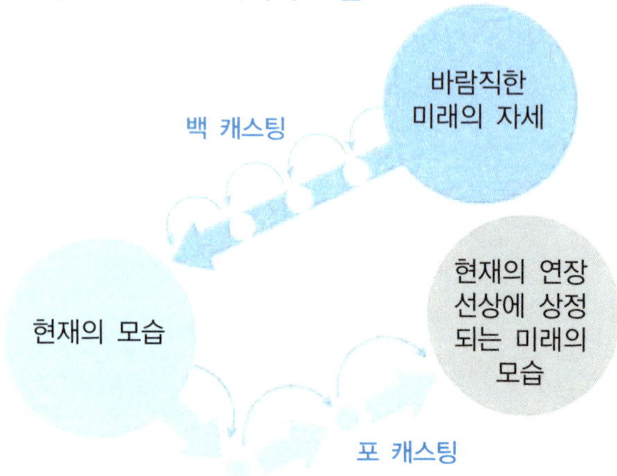

출처: 후마겐지(2021). ESG 초입문

(2) 아웃사이드 인

그리고 또 다른 생각은 '아웃사이드 인'입니다. 많은 기업은 자신의 시선(인사이드 아웃)으로 생각하거나 고객 요구의 기점에 제품·서비스의 개발을 생각합니다. 그러나 사회, 환경 문제를 생각할 때는 그 해결을 우선으로 생각하고, 실현하기 위해서는 자신이 무엇을 해야 하는지를 생각하고 행동하는 '아웃사이드 인'의 발상이 필요합니다.

자신의 입장에서 생각하는 것이 잘못된 것이 아닙니다. 아웃사이드 인의 시점을 가지지 않으면 보지 못하는 상황이 있다는 것입니다.
'아웃사이드 인'으로 환경·사회 문제의 해결을 생각해봅시다.

‘아웃사이드 인’과 ‘인사이드 아웃’

밖에서 안으로	안에서 밖으로
	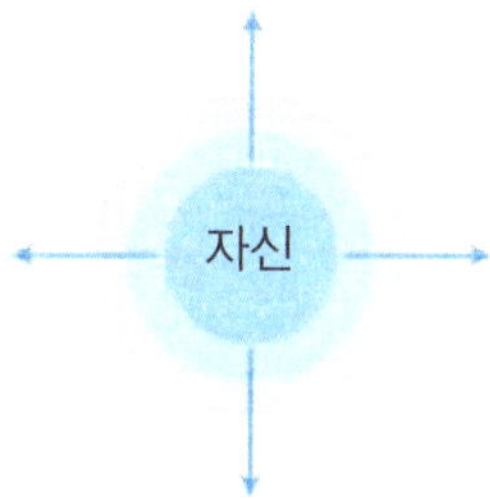
아웃사이드 인	인사이드 아웃
자신의 외부에 있는 문제 · 과제를 기점으로 해결방법을 생각하는 접근입니다. 문제와 과제에 대해서, 어떻게 해결할 수 있을까를 생각하면서 현상과 해결까지의 간격을 메워 나갑니다. 문제 · 과제가 해결된 미래에서 발상하여 현재를 보는 접근법이라고 할 수 있습니다.	문제 · 과제의 해결을 생각할 때에 자신을 개선하지 않고 자신의 외부에 있는 문제 · 과제를 해결할 수 없다고 자신을 기점으로 생각합니다. 현재의 연장선상에서 미래를 생각하는 접근법이라고 할 수 있습니다.
외부에서 내부로	내부에서 외부로

출처: 후마겐지(2021). ESG 초입문

25. ESG 경영의 성공을 위해서

ESG 경영을 성공으로 이끌기 위해서는 어떻게 해야 할까요? 외부적인 환경으로 '울며 겨자 먹기 식으로' ESG 경영을 할 수는 없습니다.
다음은 ESG 경영뿐만 아니라 일반적인 기업에서도 필요한 방법이지만 ESG 경영 성공을 위해 가장 중요한 것입니다.

(1) 경영진이 적극적으로 관여

최고경영자가 ESG를 이해하지 못한다면 ESG 경영의 실현은 무리이고, 적극적인 관여 없이 ESG 경영의 성공은 없습니다. 열정적으로 ESG 경영을 하는 기업으로 바뀌기 위해서는 최고경영자의 적극적인 관여가 중요합니다.
최고경영자가 거버넌스에 관한 귀가 따가운 소리를 귀담아 들을 도량이 없으면 효과 있는 조직이 되지 않습니다.
어느 시대나 경영자에게는 '실현 가능한 새로운 도전인가'를 판별하는 안목, '장기적인 시간'으로 비즈니스를 생각하는 인내력, '새로운 사업을 이끌어내는 리더십'이 요구됩니다. 산업자본주의에서 ESG 경영으로 변화하는 과정에서 중소기업의 최고경영자는 특히 그 과감성이 요구됩니다.

'그렇게 해야 한다'라고 고민하고 있다면 '지금 당장하지 않으면 망한다'라고 생각을 바꾸고 최고경영자가 솔선해 ESG의 실천을 선도해야 합니다. 그렇지 않으면, 거래처의 공급망에서 배제되는 등 회사의 존망과 관련된 위기를 초래합니다.

(2) 명확한 중요과제를 설정

중요과제(머티리얼리티, materiality)가 정해지지 않으면 행동하기가 어렵습니다.

사내외의 의견을 듣고 머티리얼리티를 좁히는 것이 중요하고, 필요에 따라 변경하는 유연성도 필요합니다.

ESG는 범위가 넓기 때문에, 자사에 있어서 ESG 항목의 무엇이 중요 과제인지를 특정할 필요가 있습니다. 만약 중요과제가 불분명한 채 ESG 활동을 진행하면 무엇을 해도 좋은지 확실하지 않기 때문에 구체적인 성과로 이어지지 않게 됩니다.

① 기업의 내부적인 요구나 SDGs, 이해관계자와의 대화, ESG 평가기관의 평가 항목 등을 참고하여 후보를 선정합니다.

② 후보 중에 우선을 설정합니다. 자사의 사업 성장이나 기업가치 향상에 있어서의 중요도를 사외 이해관계자나 사원에게 평가받고, 그 결과를 근거로 하여, '이해 관계자의 중요도'와 '자사에 있어서의 중요도' 두 축 기준으로 평가하고 그 결과

를 제3자의 의견을 바탕으로 사내에서 심의하여 중요과제를 결정합니다.

③ 승인을 받습니다. 이사회에서 승인을 받은 후 중요과제를 각 부문의 목표나 사업계획에 내려 보냅니다. 이를 바탕으로 각 부서는 목표와 활동 계획을 수립하고 ESG 활동을 실행으로 옮깁니다.

④ 중요과제에 대해 정기적으로 리뷰하고 외부 인사들의 의견도 수렴하면서 필요에 따라 ①~③ 앞의 단계를 재검토합니다.

(3) ESG의 관점을 담은 목표를 세워 실행

중요과제를 설정한 다음 구체적인 목표를 세우고 실행해야 합니다. 다음은 구체적인 세 가지 목표입니다.

① 목표 범위를 설정하고 핵심성과지표(KPI)*를 선택합니다.
여러 중요과제에 대한 영향을 알기 쉽고 측정 가능한 핵심성과지표를 정하는 것입니다.
예를 들어 온실가스 배출량과 자원 사용량 등 환경에 관한 목표뿐만 아니라 사회적인 목표의 설정도 바람직합니다. 앞으로 대내외적으로 정보를 공개해야 하므로 내부용 지표가 아닌 누가 봐도 알 수 있는 일반적인 성과지표를 설정해야 합니다.

* **케이피아이**(KPI, Key Performance Indicator) : 기업의 조직이나 프로젝트의 성과를 평가하고 이를 측정하기 위해 사용되는 도구

② 베이스 라인을 설정하고 야심찬 목표를 내겁니다.

'여성임원 수를 2020년 말과 비교해서 2025년 말까지 40% 증가'와 같이 베이스 라인을 설정하고 목표를 설정합니다. 이때의 목표는 야심차게 만드는 것이 중요합니다. 달성이 어려울수록 목표를 달성하기 위한 창의성과 혁신이 만들어져 큰 성과를 얻을 가능성이 높아지기 때문입니다.

③ 목표를 공표하고 실행으로 옮깁니다.

목표가 정해지면 ESG 과제를 해결하기 위해 움직이지만 그 전에 정해진 목표를 대내외적으로 공개하는 것이 중요합니다. 공표를 통해 사내에 긴장감이 생기고 목표 달성에 대한 의욕을 높이는 효과를 기대할 수 있습니다. 그리고 이해관계자도 진행되는 상황을 확인하고 평가하기 쉬워집니다.

출처: 후마겐지(2021). ESG 초입문

☞ 경영자가 명심해야 할 ESG 10계명

① 수치화하고 측정하는 지표 만들라
→ESG 활용 객관적으로 수치화하고 측정해야

② 기업 맞춤형으로 접근하라
→기업여건에 따라 맞춰서 대응 필요

③ 적극적 공시로 기업가치 높여라
→기업 ESG 활용 공시 통해 널리 알려야

④ 체계적인 ESG 운영 시스템 구축하라
→전사차원의 ESG 관리 체계 구축하라

⑤ 비즈니스 모델에 ESG 경영 접목하라
→사업모델에 맞는 ESG 경영 펼쳐라

⑥ 무늬만 ESG 그린 워싱은 곤란
→생색내기가 아닌 생존 위한 변화

⑦ 세금에도 신경을 기울여라
→조세회피보다는 정정당당하게 납세하라

⑧ 단기가 아닌 장기투자가 핵심
→ESG 경영은 장기적으로 해야 성과 나와

⑨ ESG 투자 때도 승자의 저주 기억하라
→분위기에 휩쓸리지 말고 객관적인 자료를 토대로

⑩ ESG 네트워크를 구축하라
→협력업체와 함께 ESG 경영해 나가야

출처: 명순영 외(2021). ESG 성공하려면...성과 계량화하고 공시에 힘 쏟아야

5

소비자와 ESG

현명한 소비자들의 선택은 기업들에게 매우 중요하며 기업경영에 많은 영향을 끼칩니다.

26. 소비자의 선택

(1) 소비자의 변화

오늘날의 기업 이해관계자들은 예전과 달리 사회적 가치 제고에 많은 힘을 쏟습니다. 소비자들이 사회적 책임을 소홀히 하는 회사의 값싼 제품보다 가격이 다소 높더라도 사회적 책임을 적극적으로 수행하는 회사의 제품을 선호하기 때문입니다.

(2) 착한소비

소비자들의 트렌드 변화에 관심을 가져야 합니다. 소비자들이 ESG관심이 높아지면서 'ESG 소비'는 매우 중요하게 되었습니다. '기업의 눈'이 아닌 '소비자의 눈'에 초점을 맞춘 기업의 제품을 선택하는 착한소비가 늘고 있습니다. 소비자가 선택하는 '제품이 좋은' 것에서 '좋은 기업 제품'을 선호하게 됩니다. 다시 말해 나쁜 기업의 제품은 선택하지 않습니다.

제품이 좋아도 나쁜 기업이 생산한 상품은 소비하지 않습니다. 선행을 하는 식당에 미리 많은 선금을 보내고 이후 반복적으로 방문하여 식사를 하기도 합니다.

(3) 소비자의 변화 관련 통계

2021년 대한상의 조사에 따르면 60%가 넘는 소비자들이 제품을 구매할 때 ESG 활동을 고려한다고 응답하였습니다. ESG 활동에 부정적인 기업의 제품을 의도적으로 구매하지 않는 경험이 있다고 응답한 비율도 70%에 육박하였습니다.

▎ESG 경영에 대한 국민의식조사 결과(대한상의, 2021년 5월)

질문	응답률
제품 구매 시 기업의 ESG 활동을 고려한다.	63.0%
ESG 활동에 부정적인 기업의 제품을 의도적으로 구매하지 않은 경험이 있다.	70.3%
ESG 우수 기업 제품의 경우 추가 가격을 지불하고 구매할 의향이 있다.	88.3%
ESG 우수 기업 제품의 경우 추가 가격을 지불하고 구매할 의향 10% 이상(6.3%), 7.5~10% (8.0%), 5~7.5%(13.3%)	

출처; 대한상공회의소. 국민 300명 대상 'ESG경영과 기업의 역할에 대한 국민의식'

(4) 소비자가 선택한 사례

① **긍정적인 사례 :** 의류업체 파타고니아는 창업 초기부터 주요 구매층인 신세대에게 어필하기 위하여 친사회적, 환경기업 이미지 구축에 상당한 공을 들였습니다. 친환경 재활용 소재 활용, 기후변화 대응에 매출의 1% 기부, 공급망에 친환경

정책 관철 등 ESG 경영이었습니다. 그 결과 경쟁사 대비 비싼 가격임에도 불구하고 파타고니아는 소비자들의 가치소비 증대에 따라 매출이 급증했습니다.

② **부정적인 사례**: 소비자의 불매운동 대상이 되어 ESG 측면에서 제품 자체에는 아무런 문제가 없지만 실패한 디즈니사의 블록버스터 영화 '뮬란(2020년)'이 있습니다. 엄청난 투자금이 들어갔지만 인권 탄압으로 비판받고 있던 신장 위구르 지역에서 촬영하고 공안에게 감사를 표하는 메시지를 보내 소비자들의 불매운동을 촉발시켰고 결국 흥행에 참패하였습니다. 이후 디즈니사는 ESG에 대한 적극적인 대응을 선언하였습니다.

출처: 금융감독원 · M사 IR
https://esg.krx.co.kr/contents/01/01020200/ESG01020200.jsp

(5) 소비자의 불매운동

최근 기업의 ESG에 대한 이해와 대응에 대해 소비자의 관심이 높아져 그 기업에만 국한하지 않고, 원료의 조달처 등 공급체인 전체에까지 관심 있게 확인하고 있습니다. 그 배경에는 지금까지 공급업체들이 간과할 수 없는 다양한 문제들을 일으켰기 때문입니다. 그래서 기업은 공급체인 전체에 신경을 쓸 필요성이 커지고 있습니다.

세계 최대의 식품음료회사 네슬레가 국제적인 환경보호단체 그린피스로부터 불매운동의 대상이 되었습니다. 이 회사의 주력

상품 '킷 캣'의 원료가 되는 팜유를 공급하던 인도네시아 기업들이 팜유의 원료가 되는 아브라야자의 대규모 농장(플렌테이션)을 개발하기 위해 열대우림을 벌채하고 오랑우탄의 서식지 등 환경을 파괴했기 때문입니다.

불매운동의 대상이 된 네슬레는 인도네시아 기업의 조달을 중단하고 국제 NGO 더 포레스트 트러스트(TFT)와 파트너십을 체결했습니다. 그리고 공동으로 '팜유에 대한 책임 있는 조달 가이드 라인'을 작성하여 사용하는 모든 팜유를 '지속가능한 팜유를 위한 원탁회의(RSPO)'에 인증된 것만으로 만들었습니다.

나이키 하청공장이 아동노동에 관여하여 불매운동을 일으킨 것처럼 인권문제도 마찬가지입니다. 기업 자체가 ESG와 관련된 문제를 일으키면 소비자가 떠나는 것은 당연하지만, 공급망 상류까지 거슬러 올라가 환경, 인권, 거버넌스에 대한 적절한 매니지먼트를 요구하는 시대가 되었습니다. 그렇게 하지 않으면 소비자의 가장 큰 무기인 '불매운동'으로 올바르게 행동하도록 요구합니다.

27. 환경과 사회에 끼치는 영향을 고려하는 착한소비

(1) 착한, 환경과 사회를 고려하는 소비자

소비자는 '합리적' 관점에서 제품을 선택합니다.

우리가 구입한 모든 상품과 서비스는 누군가가 어딘가에서 만든 것입니다. 지금까지 우리는 소비자로서 사용하는 상품 · 서비스의 뒤에 어떤 배경이 있는지 그다지 관심을 가지지 않았습니다. 그런데 최근 상품 · 서비스의 뒤편에 아동노동이나 환경파괴 등과 관련이 있는 상품은 '사지 않겠다'는 소비자가 늘어나고 있습니다. 이처럼 환경이나 인권, 사회에 대해 충분히 배려한 상품과 서비스를 적극적으로 선택하여 매입하는 것을 '착한소비'라고 합니다.

(2) 소비자 상품 선택

'쇼핑은 투표'라고도 할 수 있지만, 소비자는 '착한소비' 관점에서 상품 · 서비스 · 기업을 선택하고, 때에 따라서는 불매운동이라는 형식으로 분명한 행동을 보여줍니다. 착한소비는 소비자의 전형적인 ESG 행동이라고 할 수 있습니다.

상품이나 서비스가 환경·사회에 주는 강한 영향력을 의식하는 소비자가 늘어나며 기업의 변화를 이뤄내고, 사회 전체가 풍요롭고 지속가능하게 될 것입니다. 그리고 소비자가 비윤리적인 상품을 선택하지 않으면 환경이나 인권 같은 중요한 일을 소홀히 하는 기업은 자연스럽게 도태될 것입니다.

(3) 기업의 사회공헌에 박수를 보내라

소비자들은 부당하다고 느끼는 것이 있다면 확실하면서도 소신껏 저항합니다. 보이콧의 대상이 된 기업들은 소비자에게 혼쭐나지만, 한편으로는 소비자 주권이 한층 높아진 것은 긍정적으로 볼 수 있습니다.

이처럼 소비자는 잘못한 기업에 대해서는 혼쭐을 내주지만 ESG 등을 잘하는 기업에게는 무한한 칭찬을 보냅니다. 윤리적·사회적 기준에 대해서 그들의 신념을 적극적으로 표현하고 실천하기 때문입니다. 라벨 없는 생수나 친환경 종이빨대 등의 제품에 대해서는 흔쾌히 소비를 해주고, 몰래 선행한 식당은 널리 알려 매출을 올려주는 식의 '바이콧', '돈쭐' 등의 미닝아웃 현상이 뚜렷해졌습니다. 특히 MZ세대를 중심으로 이러한 소비가 이루어지고 있습니다.

출처: 지용빈 외 2인(2022). 소비자 변화와 ESG 경영

28. 기업과 소비자의 관계

소비자는 구입하는 상품과 서비스의 배경에 있는 환경문제나 인권문제에 관심을 가지고 기업이 솔선수범하여 환경이나 인권을 지키도록 요구하고 있습니다. 불매운동은 소비자의 '감시의 눈'이 기업의 행동을 시정하고 세계를 보다 나은 방향으로 움직이는 힘이 되고 있습니다.

국제소비자기구(CI: Consumers International)는 8개의 '소비자의 권리'와 5개의 '소비자의 책임'을 제창하고 있습니다. 기업은 이 소비자의 권리와 책임에 대해 진실을 직시할 필요가 있습니다. 만약 기업이 '소비자의 권리'를 소홀히 하면, 소비자는 '소비자의 책임'에 합당한 책임을 완수하기 위하여 행동을 일으킵니다. 특히 최근에는 소비자의 에시컬 의식의 고조나 SNS의 보급으로 불매운동이 국경을 초월해 눈 깜짝하는 사이에 큰 운동이 되는 사례도 늘고 있습니다.

'기업을 감시하고 있다'라고 하면 적대적인 느낌이 들지만, 한편으로 소비자는 기업의 윤리경영도 제대로 보고 있습니다. ESG 과제에 적극적인 실천은 소비자가 원하는 착한소비에 부합하는 것입니다. 착한상품·서비스에 호의적인 반응을 나타내는 많은 소비자를 자기편으로 만들면 큰 힘이 될 것입니다.

10여 년 전 모 유제품 회사의 직원이 대리점주에게 갑질을 하며 반말로 윽박지르는 통화 내용이 전파를 타면서 그룹 전체가 소비자 불매운동의 대상이 되기도 했습니다. 우리나라 대표적인 식품 기업 오뚜기는 소비자들이 '갓뚜기'라고 부릅니다. '갓뚜기'는 그 반대 사례라고 볼 수 있습니다.

유제품 회사 직원의 대리점주에 대한 갑질에 소비자들의 분노가 폭발해 회사 매출이 곤두박질치며 파산의 위기에 몰린 것과는 대조적으로 오뚜기는 식품 판매대에서 일하는 임시직원을 정직원으로 채용하는 등 소비자에게 '정직한 회사' '직원을 보호하는 회사'로 인권적인 차원에서 호평을 받았습니다.

그 중 일화로 '석봉토스트'에 소스를 무상 제공한 것이 알려지며 더 많은 소비자들이 사랑하는 기업으로 우뚝서게 되었습니다.

불우이웃에게 토스트를 무상 제공하고 있다는 석봉토스트의 사연을 듣고 오뚜기 사장님이 직원을 보내 토스트에 들어가는 소스가 어느 제품인지 물어보고 오뚜기를 사용한다는 것을 듣고는 이후 무상으로 소스를 제공하고 있다는 것입니다.

이러한 미담이 각종 커뮤니티와 SNS 등을 통해 알려지자 네티즌들은 "역시 갓뚜기다", "기대를 저버리지 않는다", "믿고 먹는 오뚜기"라는 등 긍정적 반응을 쏟아내고 있습니다.

이렇듯 소비자들은 한 기업을 망하게 할 수도, 성장시킬 수도 있는 힘을 가지게 되었습니다.

국제소비자기구가 제창하는 '소비자의 권리'와 '소비자의 책임'

8가지 '소비자의 권리'	5가지 '소비자의 책임'
① 생활의 기본적 요구가 보장되는 권리	① 상품이나 가격 등의 정보에 의문이나 관심을 가지는 책임
② 안전한 권리	② 공정한 거래가 실현되도록 주장하고 행동하는 책임
③ 알리는 권리	
④ 선택할 권리	③ 자신의 소비 행동이 사회(특히 약자)에 미치는 영향을 자각하는 책임
⑤ 의견을 반영할 권리	
⑥ 보상을 받을 권리	④ 자신의 소비 행동이 환경에 미치는 영향을 자각하는 책임
⑦ 소비자 교육을 받을 권리	
⑧ 건전한 환경에서 일하고 생활할 권리	⑤ 소비자로서 단결하고 연대하는 책임

출처: 후마겐지(2021). ESG 초입문

29. '기업인'으로서도 '소비자'의 마음을 잊지 않는 것이 중요

'역지사지'라는 말이 있습니다. 어떤 일을 할 때 상대 쪽의 입장에서 생각해보라는 것입니다.

일을 할 때는 언제나 비즈니스가 우선이지만, 일에서 벗어나 소비자의 입장이 되었을 때는 소비자의 시선을 갖는 것은 당연합니다. 그러나 한 사람으로서 기업인과 소비자를 쉽게 구분하는 것에 대해서는 잘 생각할 필요가 있습니다.

예를 들어, 직장에서 이익 추구를 위해 식품의 양을 부족하게 넣었더라도 집에서 구매해 먹을 때는 부족하게 식품이 포장된 것을 알면, 편안한 마음으로 있을 수 없을 것입니다. 기업인으로 분량 미달 상품을 포장한 것은 용서하고 소비자로서는 그것을 용서하지 않는, 때때로 태도를 바꾸는 것은 이상한 일입니다.

지금까지 기업은 다양한 문제를 일으켰습니다. 아이들을 저임금으로 부려먹는 기업인도 자신의 자녀가 아동노동에 종사하는 것은 반대할 것입니다. 공해 문제를 일으킨 회사의 사람들일지언정 자신의 가족이 공해로 인한 피해를 당했을 때 가만히 있지 않을 것입니다. ESG를 필요 이상으로 어렵게 생각할 필요는 없습니다. 궁극적으로는, 남에게 있어서 싫은 일은 하지 않는 것, 이러한 당연한 일을 당연하게 하는 것입니다.

중요한 것은 '기업인'으로서의 입장, '소비자'로서의 입장에서 사물이 어떻게 보이는지 그 차이를 파악하는 것입니다. 기업인으로서, 소비자로부터 지지되는 윤리관에서 행동하면, 소비자의 지지를 잃는 위험을 줄일 수 있고, 지지를 얻어 기업의 지속적인 성장으로 이어질 것입니다.
ESG에 대해 간단하게 생각해봅시다.

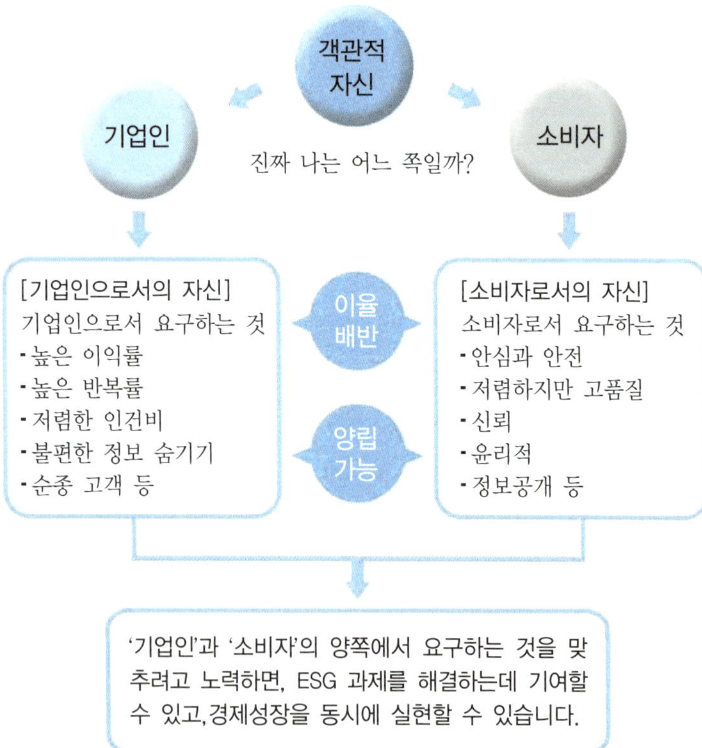

기업인으로서의 자신과 소비자로서의 자신 양면을 생각합니다.
ESG의 본질은 당연한 일을 당연히 하는 것입니다.

출처: 후마겐지(2021). ESG 초입문

30. 유럽 소비자에게 퍼져가는 가치소비 키워드

ESG를 주도하는 유럽의 소비자들은 어떻게 움직이고 있을까요? 최근 유럽에서는 '가치소비'가 확산하면서 착한기업과 친환경 제품이 주목받고 있습니다. 가치소비는 기업의 광고나 브랜드, 가격보다 소비자 자신의 가치판단에 따라 제품을 구매하는 소비 방식을 말합니다.

소비자들은 자연환경, 동물, 사람에 대한 윤리적인 행동을 강화하고 있습니다. '동물애호' 차원에서 강제로 먹이를 먹여 간을 비대하게 한 거위나 오리의 간으로 하는 푸아그라를 생산과정이 잔혹하다고 강제로 먹이는 것을 금지하는 나라가 늘고 있습니다. 그리고 가축의 트림이 대량의 온실가스를 내고, 사료로 대량의 곡물과 물을 소비하기 때문에 환경부담이 큰 육식을 피하는 베지테리언(채식주의자), 비건(완전 채식주의자)도 늘어나고 있어 레스토랑에서도 채식메뉴가 늘어나고 있습니다.

다음은 유럽의 소비자들에게 확산되고 있는 윤리적인 소비 형태를 소개합니다.

① **플라스틱 프리**(Plastic Free) : 플라스틱을 사용하지 않습니다. 매년 7월에는 '플라스틱 프리 쥴라이'라는 친환경운동이 진행되고 있습니다. 2020년에는 3억 2,600만 명이 참여하였습니다.
예) 용기를 가지고 계량 판매상점에 가서 제품을 구입

② **바이오디그레이더블**(Biodegradable, 생분해성) : '미생물이 분해 가능하다'라는 의미로 미생물이나 균류, 세균 등에 의해 분해되어 흙으로 돌아갈 수 있는 플라스틱 제품을 사용합니다.
예) 생분해 가능한 소재를 사용한 용기

③ **컴포스터블**(Compostable, 퇴비화 가능) : '퇴비화 할 수 있는 것'을 사용합니다. 미생물의 힘으로 분해 · 발효시키는 점에서 '바이오디그레이더블'이지만, 퇴비가 되는 점이 다릅니다.
예) 식물 소재를 사용한 부직포 마스크 등

④ **크루얼티 프리**(Cruelty-free) : '잔혹함이 없다'라는 의미로 인체에 대한 안전성과 유효성을 확인하기 위해 진행하던 동물실험을 거치지 않고, 동물성 식품을 함유하지 않은 제품을 사용합니다.
예) 크루얼티 프리 화장품

⑤ **에시컬 패션**(Ethical Fashion, 윤리적 패션) : 의류 산업의 노동자에 대한 인권침해와 환경에 대한 악영향을 끼치지 않는 것이 요구되는 '사람과 환경을 배려한 패션'에 대한 소비가 늘고 있습니다.
예) 동물 모피를 사용하지 않는 인공 모피

⑥ **비건**(Vegan) : 고기, 생선, 계란, 유제품 등의 동물성 식품을 전혀 먹지 않는 '완전 채식주의자'를 말합니다.

㉮ 동물의 생명의 존중으로부터 실천하는 '에시컬 비건'

⑦ **프리러브드**(Pre-loved) : '이전의 소유자가 소중히 사용하였던 중고'라고 하는 의미로, 헌 옷 등 중고품을 사용하는 것으로 유럽에서는 지속가능한 패션의 핵심 키워드 중 하나입니다.

㉮ 프리러브드 청바지

⑧ **업사이클링**(Upcycling) : 재활용이나 재사용과 달리 폐기물을 원래 물건의 특징을 살리고, 또 다른 새로운 제품으로써 부가가치를 부여해 재탄생시키는 창조적 새사용을 말합니다.

㉮ 폐타이어로 만든 가방

출처: 후마겐지(2021). ESG 초입문

☞ 대중목욕탕에서 가족외식장소로

건물이 본래의 용도로 사용하기 어려울 정도로 낡고 그로 인해 고객의 외면을 받게 되면 대부분 건물을 헐고 새로운 건물을 짓습니다. 그러나 그 과정에서 온실가스도 나오고 건물을 폐기함으로 인해 소음과 분진 등으로 이웃의 불편도 많습니다.
40년간 이어온 청주의 한 목욕탕은 내부 구조를 그대로 둔 채 목욕탕의 공간을 활용하여 음식점으로 변신하였습니다. 목욕을 하러 오시던 고객들이 가족단위로 식사를 하러 오십니다.
건물을 헐고 새로운 건물을 건축하는데 들어가는 비용과 과정에서 발생하는 소음, 분진, 온실가스가 발생하는 부담 없이, 오랫동안 목욕탕을 이용한 고객들에게 목욕탕이 식당으로 바뀌었다는 신선함과 추억을 선물하고 있습니다. 경영적인 측면에서 새로운 건물에서 나오는 임대수입이 중요하겠지만 수익은 줄더라도 비재무적인 환경과 가치의 측면에서 창조적 재사용을 하는 것입니다.

큰 탕 주위로 식탁이 놓여 있습니다. ⓒ조재성

6

ESG 실천 사례

31. 새로운 도전

ESG는 새로운 도전의 기회를 제공하고 있습니다. 기후위기를 극복하려는 노력으로 신재생에너지가 중요한 지금 신재생에너지의 대부분이 풍력과 태양광을 중심으로 시장을 넓혀가고 있습니다. 유럽이나 선진국뿐만 아니라 많은 나라에서 풍력과 태양광으로 발전을 확대하고 있습니다.

우리나라도 대관령이나 인근의 높은 산, 제주도의 바다에 풍력발전기를 쉽게 볼 수 있고, 일정한 비율로 태양광도 많이 설치되어 발전하고 있습니다. 그러나 아직은 'RE100'의 기준을 충족시키기엔 부족하고, 전기를 생산하여 송전하는 등 해결해야 할 여러 문제들을 가지고 있습니다.

얼마 전까지만 해도 생수병엔 상표가 인쇄된 비닐이 붙어 있었습니다. 그러나 요즘은 아예 인쇄된 비닐을 붙이지 않는 투명생수병이 늘어나고 있습니다.

폐기물이 되는 인쇄된 비닐을 줄이므로 환경오염을 예방하고 버려지는 투명 플라스틱 병에서 섬유를 뽑아내기 때문입니다. 이렇게 만들어진 실로 섬유를 만들고 유니폼이 되어 국가 대표

선수들이 입고 세계무대에서 자신의 기량을 뽐내고 있습니다.
ESG 경영으로 인해 당장은 규제를 받게 되고 비용이 올라가 불편하고 수익이 감소하는 불이익이 있을 수 있습니다. 그러나 ESG 경영으로 하나하나 바꿔감으로써 그것이 새로운 도전을 하게 되고 새로운 시장을 개척하게 되는 계기가 됩니다.
예를 들어보면 '이노마드'라는 회사가 있습니다.
ESG에서 가장 중요한 것이 환경이고 이 환경은 열과 전기를 만들기 위해 가동하는 화력발전소가 가장 큰 문제이기 때문에 기존의 방식이 아닌 새로운 방식으로 전기를 생산하는 '이노마드'라는 회사가 좋은 예일 것입니다.
ESG가 이렇게 크게 부각되기 전 소수력발전기라고 하는 '우노'라는 제품을 만들어 시판을 하였습니다.

소양강의 '소양강다목적 댐'처럼 수력발전소는 거대한 댐을 연상하게 됩니다. 협곡을 막아 큰 댐을 만들고 그 댐에서 저장된 물을 낙하시켜 터빈을 돌려 전기를 생산합니다. 개중에는 이렇게 흘려보낸 물을 다시 모아 댐 위로 끌어 올리는 양수발전소도 있습니다.
수력발전을 하려면 거대한 환경파괴가 전제되어 수많은 마을이 수몰되는 등 이로 인한 환경단체의 큰 반발을 가져오게 됩니다. 그래서 수력발전소를 새로 건설한다는 것은 쉽게 결정하기 힘든 것입니다.

소수력은 물의 흐름으로 터빈처럼 날개를 돌려 전기를 만드는 것은 같은 원리이지만 우리가 사용하는 텀블러 정도의 크기로 휴대하기 편리한 개인용 발전기입니다.
계곡의 흐르는 물에 담아두면 네 다섯 시간 뒤 배터리 충전이 끝나고 이 전기를 스마트 폰이나 랜턴에 사용합니다. 개인소비용 전기로는 충분히 사용가능합니다.

이 제품을 만들 당시 스마트폰이 확대되며 휴대용 배터리 시장도 커졌습니다. 직접 물을 이용해 전기를 만드는 소수력 휴대용 발전기와 구입하기 쉽고 상대적으로 저렴한 휴대용 배터리는 경쟁이 힘듭니다. 이노마드는 지금도 가격대비 타사의 휴대용 배터리와 경쟁을 하지만 그 산을 넘지 못하고 있습니다.
하지만 휴대용 배터리도 기존의 전기를 통하여 충전을 해야 하고 충전이 불가능한 곳에서 방전이 되면 어떻게 할까요? 이노마드는 그 다음을 생각해 만든 발전기입니다. 언제 어디서나 간단히 편리하게 직접 전기를 만들 수 있다는 장점을 가지고 있습니다.
이렇게 만들어진 전기는 생산품을 만드는 공장의 기계를 돌릴 수는 없지만 스마트폰이나 랜턴 등 개인물품에 사용하기엔 충분한 전기를 생산하여 미국 등 캠핑을 많이 하는 나라에서 호평을 받고 있습니다.

개인이 소비하는 전기도 모두 화석연료로 만들어진 전기를 이용할 수밖에 없지만 이노마드의 제품은 개인의 전기를 개인이

이사회가 역할과 책임을 다하고 있는지 정기적으로 평가함으로써 기업의 경영성과 제고에 기여할 수 있도록 합니다. 자체 평가 외에도 KCGS의 독립적 평가를 받고 있으면 A등급 이상을 획득하고 있습니다.
주주 권리 보호를 위해 2008년부터 주주와 적극적으로 소통하는 '열린주총'을 개최하고, 현장 진행과 병행하는 온라인 생중계 실시로 주총 참여를 독려하는 등 다양한 노력을 기울이고 있습니다. 그리고 건전한 지배구조 구축을 위해 창업주인 전총괄 CEO는 가족이 아닌 1호 사원에게 경영권을 승계하였습니다.

흔들리지 않는 약속, 기업 정관
풀무원 정신과 미션이 풀무원 경영을 실질적으로 지배할 수 있도록 하라. 그 의지를 기업 정관에 명시하여, 시간이 흐르고 사람이 바뀌어도 변할 수 없는 약속으로 삼았습니다.

사회적 책임에 대한 정의로 사람과 자연 모두 이로운 제품과 서비스 & 우리가 사는 지구의 긍정적 변화를 하고, 이해관계자별 추구하는 가치를 '회사와 우리 공동체, 지구 환경의 지속가능성에 이바지'하는 것으로 정관에서 밝히고 실천하고 있습니다.

풀무원의 가치창출 사례

사례		
사례 1	고객을 위한 제품과 서비스	- 생명존중의 유기농 - 안전하고 안심할 수 있는 바른 먹거리 - 사람과 지구의 건강을 함께 생각하는 지속가능 식품
사례 2		- 식물성지향 식품을 미래 성장 동력으로 지속가능식품 - 지속가능식품 카테고리 체계화로 지속가능식품 고도화
사례 3		미국, 일본, 중국 법인에도 식물성 지향 브랜드 런칭 글로벌 시장 선도
사례 4	조직원의 인권과 다양성	- 조직원의 바른 마음경영 서약 - 인권경영 내재화 - 실효성 있는 고충처리
사례 5	협력 기업과의 동반성장	- 노동인권, 환경, 윤리 및 컴플라이언스, 제품 및 서비스의 공급망 ESG 진단 및 실사 - 식품기업과 협력업체가 참여하는 식품산업 ESG Alliance - 발달장애인 직업재활시설에 위탁생산, 생산지원, 기술 지원하는 강화군 '우리 마을 콩나물'
사례 6	지역사회: 미래사회 교육	- 미래고객인 아이들의 건강한 식생활 및 환경 보호 인식 개선을 위한 바른 먹거리교육 - 교육, 연구, 장학의 세 가지 영역에 다양한 공익사업 수행
사례 7	환경:Eco Caring	- 2021년 '2035년 온실가스 · 플라스틱 20% 감축, 수자원 13% 감축 '2050년 넷제로 선언' - 2022년 전사 가치체계를 재정비하고 'Eco Caring(친환경 케어)를 핵심전략으로 수립, 원료 · 제조 · 판매/포장 · 폐기 등 풀무원의 가치사슬 전체에서 생태계에 부정적 영향을 끼치는 요인을 제거하거나 최소화한다.

이와 같이 전사적인 차원에서 ESG를 실천하며 다음과 같이 다짐을 하고 있습니다.

☞ 풀무원의 다짐

플무원은 언제나 그랬듯이 사업의 터전인 사회와의 공유가치 창출을 위해 진지하게 모색하고 실천하여 탁월한 성과를 거둔다. 그럼으로써 회사와 우리 공동체, 지구 환경의 지속가능성에 이바지한다.

첫째, 고객의 건강과 행복을 풀무원 경영의 최우선 가치로 삼아, 최고의 제품과 서비스를 제공한다.

둘째, 조직원의 인권과 다양성을 보장한다. 나아가 공정한 기회를 제공하고, 성장을 위한 투자와 지원을 유념한다.

셋째, 풀무원의 동반자인 협력업체와의 공정하고 윤리적인 거래로 상생을 도모한다.

넷째, 사업의 터전인 지역사회를 위한 사회공헌 활동에 앞장선다.

다섯째, 합리적이고 투명한 기업경영으로 기업가치를 드높이고 주주에게 지속가능한 이익을 제공하기 위해 노력한다.

여섯째, 우리의 모든 과정과 결과는 환경에 이로움을 고려하고 실천한다.

출처: 오경석(2024, 풀무원 지속가능경영실 실장) ESG실천국민연대 창립대회자료집 정리

33. 대기업과 중소기업의 상생

우리나라 대기업도 중소기업을 대상으로 ESG 경영을 위한 펀드를 조성해 적극적인 ESG 기업을 발굴 지원사업을 하고 있습니다. 우리나라 초고속 스마트폰, 인터넷 서비스는 세계 최고의 속도로 세계인 누구나 부러워하는 것입니다. 이 사업을 주도하는 통신 3사가 중소기업을 대상으로 ESG 경영에 적극적으로 나서게 기금을 조성 지원하는 사례가 있습니다. 대기업과 중소기업의 임금 격차가 너무 커 대기업을 희망하는 취업준비생들은 몇 년씩 입사준비를 하는 데 비해 중소기업은 청장년까지 취업을 꺼려 외국인 근로자가 없으면 회사를 운영할 수 없을 지경입니다. 그래서 대기업과 중소기업 상생을 위해 정부정책으로 중소기업 직원에게 여러 혜택을 주는 방안들과 이익공유제 등을 시행하지만 이 책에서는 ESG 실천을 위한 상생 부분을 다룹니다.

예를 들어 세계 최고의 기업 삼성전자에서 만든 스마트폰에 1, 2차 협력업체가 납품한 부품이 ESG 경영에 맞지 않다면 삼성전자가 생산한 스마트폰이 ESG 요건을 맞추지 못한 것이 됩니다. 그러므로 대기업은 1, 2차 협력업체에도 재생에너지로 부품을 만들게 유도하고 그에 따른 생산시설의 교체나 생산공정의 재설계, 인권

보장, 차별 없는 근무환경 심지어 직원들의 복지, 그러한 결정을 하기 위한 지배구조의 변화 등 세세한 부분까지 같이 공유하며, 그 과정에 들어가는 비용까지 도움을 주게 됩니다. 대기업 혼자만 ESG의 요건을 맞추는 것으로 끝나지 않는 것입니다.

다음의 사례는 우리나라 통신 3사가 중소기업을 대상으로 진행하는 ESG 상생프로그램입니다.

SK텔레콤, KT, LG유플러스 통신 3사가 ESG 경영 확산을 목표로 'ESG 펀드' 공동 조성에 나선다.

통신 3사는 펀드에 각각 100억 원씩 출자한다. 총 400억 원 규모로 조성되는 펀드는 탄소중립을 비롯한 ESG 분야의 기술을 가진 유망 스타트업 육성에 전액 투자될 예정이다.

출자 금액 전체를 ESG 분야에 집중하는 것은 친환경, 저탄소, 공정경제로의 전환이 가속화되는 상황에서 ICT 분야에서도 혁신적인 관련 기술들을 발굴해 적용할 필요성이 높아진 점이 고려됐다.

– 중략 –

실질적 지원책 마련과 빠른 지원 결정을 위해 자문위원회에는 ESG 담당 임원 외에도 3사 CEO가 직접 참여한다. 3사는 CEO가 투자 스타트업의 사업협력을 전폭적으로 지원하는 만큼 해당 업체들의 빠른 성장을 기대했다.

통신 3사는 "ICT 분야에서 ESG 경영을 실천하는 기업을 적극 지원하는 동시에 함께 성장하는 것을 목표로 3사가 ESG 펀드를 공동으로 조성하게 됐다"며 "함께 뜻을 모은 ESG펀드가 수준 높은 삶의 질과 산업환경 조성에 좋은 거름이 되어 대한민국 발전에 도움이 되길 희망한다"고 입을 모았다.

출처: 박수형. ZDNET Korea. 2022년 3월 29일
https://zdnet.co.kr/view/?no=20220329081459

34. 넓은 시야에서 ESG 활동을 실시하는 '스타벅스'

전 세계 스타벅스 매장은 3만 8,587개로, 그중에 한국은 1,893개로(2023년 말 기준) 세계 4위로 집계되었습니다. 스타벅스는 일찍이 ESG에 주력한 기업으로 알려져 있습니다.

스타벅스는 친환경 활동의 하나로, 전 세계의 매장에서 매년 10억 개 정도 사용되던 플라스틱 빨대를 종이 빨대로 교체하는 등 탄소발자국을 줄이기 위해 노력하고 있습니다. 새로 오픈하는 매장은 친환경 매장으로 설계, 환경과 지역사회를 아우르는 '그린스토어'를 진행하고 있습니다. 에너지 절약, 재활용 촉진, 친환경 건축방향에 맞춰 한국에서 1호점의 리뉴얼을 시작으로 친환경 건축자재 사용, 폐점 매장의 자재 재활용, LED조명으로 교체, 절수형 수도꼭지, 자연채광 이용 등으로 기후변화방지 운동에 적극적입니다. 이러한 경영방식은 소비자로부터도 높이 평가받습니다.

소규모 커피콩 생산자는 수확 전에 자금 부족에 빠져 구매자에게 부당하게 싼 가격으로 넘기는 경우가 적지 않습니다. 따라서 커피 생산자에게 저금리 대출을 실시하는 비영리 단체에 투자하고 재정적 지원을 계속하고 있습니다. 구체적인 목표를 내세워 '난민의 고용'을 실시하기도 합니다.

스타벅스는 폭넓게 환경과 사회에 공헌하고, 소비자로부터도 공감을 얻을 수 있는 활동을 구체적인 목표를 내세워 행동으로 옮기고 있습니다. 이러한 활동은 소비자를 비롯한 이해관계자의 충성도를 높이는 데 크게 기여하고 있습니다.

휴대용 텀블러 세척

환경부는 일회용품 사용을 줄이기 위해 커피 전문점, 패스트푸드점 등과 매장 내 다회용 컵 사용 문화를 정착시키기 위해 노력하고 있습니다. 스타벅스는 일회용 컵 대신 휴대가 간편한 텀블러를 빠르게 세척할 수 있는 마이컵 위생 세척기를 매장에 설치 소비자가 편리하게 이용할 수 있게 하였습니다. 일회용 종이컵도 결국엔 생산 · 소비를 통해 환경에 부담을 주지만 개인 소유의 텀블러는 일회용이 아니라 환경에 부담은 없지만 한번 사용한 것을 깨끗하게 세척하기 힘들어 보편화하기 힘들었는데 ○○전자에서 개발한 신개념 텀블러 세척기를 매장에 설치해 고객이 자기 소유의 텀블러를 세척하여 여러 번 사용할 수 있게 했습니다.

출처: https://blog.naver.com/bbibbilong_/223461027685

스타벅스 ESG 활동 개요

회사 소개
회사명: 스타벅스
매출액(2020년 9월 기준): 235.18억 달러(약 32조 원, 2024년 환율)
본사: 미국 워싱턴 주 시애틀
사업 내용: 커피스토어 경영, 커피 판매 등

2019년도 ESG 활동의 진척과 목표

E	- 환경을 배려한 점포 수 741 매장 - 목표 2025년까지 세계 1만 매장	S	- 윤리적으로 조달된 커피 99% - 목표 100%
S	- 난민 고용 2100명 - 목표 2025년까지 세계 1만명 고용	S	- 농가에 대한 저금리(융자) 대출 4600만 달러 - 목표 2020년 말까지 5000만 달러 융자
G	- 수석 리더의 여성 42% 할당 - 목표 50%		

'이익의 추구 = 인간성을 소중히 하는 사회의 추구'라고 정의하고
지구에도 유익하고 이익도 플러스가 되는 활동을 실천하고 있다!

출처: 스타벅스 '2019 스타벅스 글로벌 소셜 임팩트 리포트'/
후마겐지(2021). ESG 초입문

35. 다양한 중소기업의 ESG 환경 사례

우리나라 중소기업 중 ESG 경영의 우수사례를 알아봅니다.

① **환경목표 수립 및 계획으로 지속적 투자 유치를 이루어낸 E사**: E사는 플랫폼 노동자를 위한 초소형 화물 전기차를 만들고 있는 스타트업 회사입니다. 전기차 대체를 통한 환경가치에 기여하는 비전을 수립하여, 내연기관 차량의 문제점을 극복하고 환경오염을 해결하기 위해 사용자의 요구를 충족시킬 수 있는 차량 개발을 위한 노력을 하여, 환경적 가치에 대한 기여와 사회적 약자의 경제활동 활성화를 통해 지속적으로 투자 유치에 성공하여 기업을 운영하는 데 어려움을 해소했습니다.

② **소농장과 협력형태로 투자 유치를 이룬 V사**: V사는 깨어 있는 자본주의(consious capitalism)를 추구하며 225개의 소규모 가족 농장과 협력을 통해 판매를 위한 제품을 생산합니다. 농장의 무분별한 확장보다는 유사한 농장철학을 고수하고 있는 소농장과 협력형태로 사업모델을 확장하여 영향력 있는 자본을 유치하고 나스닥에 IPO(기업공개상장)으로 2억 달러 유치에 성공했습니다.

③ **표준화된 환경관리시스템을 구축 매출 증대**: P사는 신선식품과 음료 등을 제조 판매하는 기업으로 환경경영을 위한 환경정책 및 방침 보유, 환경 영향을 최소화하기 위한 부문별 추진 전략과 목표를 가지고 지속가능경영보고서를 공시하였습니다. 특히 표준화된 환경관리시스템을 구축하여 운영하며 경영활동 과정에서 발생하는 대기오염물·유해화학물질·폐기물의 배출경로, 배출량 등을 주기적으로 모니터링한 것을 발표하여 젊은 세대에게 환경을 생각하는 착한기업 이미지로 각인된 후 매출 증대를 이끌어내고 있습니다.

④ **친환경 혁신 실행 S사 투자유치**: S사는 최소한의 에너지를 사용하고 물을 사용하지 않는 방사방식의 냉각 시스템을 개발하여 세계적으로 냉각에 소비되는 에너지 절약을 이뤄냈습니다. 냉각에 사용되는 수준에 따라 다르지만, 평균적으로 10~40%의 냉각 효과를 극대화할 수 있어 향후 에어컨 시스템으로 완전히 대체될 경우 80~90%의 에너지 절감을 예상할 수 있습니다.

S사는 타사와 차별화된 기술을 개발하여 단순히 환경적으로 에너지 효율성을 극대화하는 것을 넘어서 전 세계의 에너지 사용 비용을 큰 폭으로 절감해 줄 수 있다는 점에서 매우 높은 성장 가능성이 기대되고 있습니다.

⑤ **I사 탄소배출권 거래제 우수업체로 선정된 I사** : I사는 수소 활용을 통한 온실가스 감축으로 바람직한 기후행동을 실천하고 있습니다. 국내 화학공정 산업 가운데 최초의 사례로 부생수소(공정에서 남은 수소)를 활용한 온실가스 감축에 성공하여 2017년부터 2020년까지 자사 공장의 온실가스 규모를 연간 2만 6,000톤 감축하였습니다. 2019년에는 환경부와 한-EU배출권거래제협력사업팀이 주최한 행사에서 탄소배출권 거래제 우수업체로 선정되었습니다.

⑥ **수처리 및 폐수 관리 우수로 정부 자금지원 E사** : 데이터 분석을 통한 스마트한 수질정화 장치를 무선 원격 조정이 가능하게 개발하였습니다. AI, 로봇, 빅데이터를 활용한 이 장치를 통해 담수 시설에 녹조 제거선과 침전물 부양형 물순환 장치 등을 운영하는 수질정화 솔루션을 개발, 환경부 자금지원 혜택을 받았습니다.

⑦ **오염물질 배출로 일시적 조업 중단된 Y사** : Y사는 최근 기준치를 넘어선 수질 오염물질을 배출해 폐수 무단배출 혐의로 10일간 일시적 조업 중단조치를 받았습니다. Y사는 수질오염 논란이 끊이지 않던 기업으로 2021년 초 수질오염을 방지하기 위한 시설 투자에 430억 원을 투입하고 공정사용수 무방류 설비와 수질오염 제로(0) 달성을 목표로 노력하여 지역 주민

들의 신뢰를 받을 수 있도록 최선을 다할 계획을 밝히고 있습니다.

⑧ **아기유니콘 200 육성사업 선정 M사** : M사는 마감 할인이 필요한 고객을 연결해 버려지는 음식을 줄이고 판매자에게는 추가수익을 만들어주는 서비스를 제공하는 사회적 벤처 기업입니다. 자체적으로 개발한 플랫폼을 통해 연간 13조 원의 음식물 폐기물을 줄여 합리적인 소비를 실현하고 환경에 기여하고 있습니다. 35,000개 이상의 매장이 M사와 제휴를 맺고 마감 임박 상품을 판매하게 서비스하여 중소벤처기업부에서 주관하는 '아기유니콘 200 육성사업'에 선정되었습니다.

⑨ **기획재정부 혁신기업상 수상 S사** : 인공지능 빅데이터를 적용하여 스스로 순환자원을 판단하고 자동으로 선별 처리할 수 있는 지능형 로봇을 개발(전국 168대 설치)하였습니다. 재활용문화 전시(숲박스)와 업사이클링 체험프로그램 등 환경콘텐츠 운영을 진행하여 2017년 대한민국 특허대상 미래성장동력 데모데이에서 국무총리상을 수상하고 2018년 기획재정부 혁신기업상을 수상하였습니다.

36. ESG 패러다임을 바꾸는 시민중심 ESG의 바람

(1) 기업의 존재 이유와 목적을 바꾼 ESG

코로나 팬데믹 이후 글로벌 경제는 장기적인 마이너스와 경기 침체라는 어두운 전망을 내놓으며 불투명한 미래를 예고하고 있습니다. 20세기에는 기업의 주요 목표가 이윤 추구였고, 수익의 규모가 평가의 기준이 되어 기업들이 재무적인 성과에 따라 우열 순위를 매겼습니다. 그러나 ESG 경영의 도래로 기업 경영의 패러다임은 근본적으로 변화하였습니다. 단순한 이윤추구에서 벗어나 기업의 사회적 책임을 강조하게 되었고, 주주 중심의 경영에서 벗어나 모든 이해관계자의 이익을 고려하는 상생 경영으로의 전환이 이루어졌습니다. 이에 따라 비재무적 요소들이 기업 평가에서 중요한 기준으로 자리 잡았습니다.

2020년 이후 블랙록의 래리 핑크와 같은 대형 투자자들이 ESG를 강조하며, 기업들은 빠르게 ESG를 도입하고 대내외적으로 기업의 체질을 개선해야 하는 압박을 받고 있습니다. 기업 경영에서 ESG는 환경오염, 공급망의 투명성, 인권침해 등의 환경적 리스크, 사회 책임과 역할의 리스크, 지배구조에 대한 리스크 문제들을 고려하며, 다양한 이해관계자들을 살피면서 어떻게 ESG 사회적 책임을 지속 가능하게 실천하면서 동시에 윤리적으로 이윤을 추구하느냐가 새로운 기업 경영 전략의 화두로 떠오르고 있다.

한편, '어쩌다 ESG'를 해야만 하는 기업들이 ESG에 대한 깊은 성찰과 준비 없이 마치 친환경적 그린경영을 실천하는 기업인 것처럼 과대광고를 하다가 똑똑한 고객들에게 위장한 사실이 밝혀져 하루아침에 기업 이미지와 신뢰를 추락하는 사례가 종종 발생하기도 합니다.

그동안 책임의식 없이 과장 광고를 통해 고객을 현혹시켰던 얄팍한 마케팅 상술에도 문제가 있었지만, '어떻게든 이윤추구만 하면 된다'는 식의 영혼 없는 경영철학과 윤리의식이 부재한 탓이기도 합니다.

(2) ESG 기업 평가의 시대에서, ESG 실천의 시대로

ESG 평가가 기업과 국가의 경쟁력으로 부상하면서 기업의 CSR을 담당했던 사회공헌 부서들이 ESG 부서로 이름을 바꾸고 ESG 평가 업무에 집중하고 있다. 또한, 돈의 흐름이 몰리고 있는 ESG 평가 시장을 선점하기 위해 국내의 대형 로펌과 회계법인들도 빠르게 손잡고 ESG 전문 컨설턴트를 고용하며, ESG 연합 전선을 구축하고 있습니다.

현재 ESG의 글로벌 표준화와 평가체계의 신뢰성을 높이기 위한

많은 과제가 남아 있지만, ESG라는 큰 목표를 향해 나아가고 있으며, 점차 이러한 문제들도 개선되고 발전할 것으로 기대됩니다.

기업의 성급함은 그린워싱뿐만 아니라 ESG 평가에서도 나타나고 있는데, 누군가 'ESG 기업 평가의 춘추전국시대'라고 부르는 것처럼, 투자 유치를 목적으로 한 과도한 경쟁적 평가는 자칫 '자기들만의 평가 리그' 또는 '평가를 위한 형식적 평가'라는 비난을 받을 우려가 있습니다.

외부 기관의 평가 점수도 중요하지만, 기업의 실제 ESG 실천사례를 바탕으로 보다 객관적이고 신뢰도 높은 평가가 이루어져야 하며, 무엇보다도 고객의 평가가 함께 이루어져야 진정성 있는 신뢰와 인정을 받을 수 있습니다.

(3) ESG 라이프 시대를 준비하고, 리딩하라

기업을 시작으로 거센 물결을 타고 있는 ESG는 우리의 삶을 바꾸는 ESG 라이프 시대를 예고하고 있습니다. 우리의 삶을 의식주 측면에서 살펴본다면, ESG로 인한 많은 변화를 볼 수 있습니다. 기존의 의류산업은 생산과정부터 폐기 처리까지 자원과 물을 낭비하고, 재고 의류로 인한 환경오염과 폐기물 문제, 생산 공장의 열악한 노동환경 및 공정무역 문제 등 부정적 이슈들을 많이 양산했는데, ESG 시대에는 IT를 융합하여 제품 기획 단계에서 최종 판매 단계까지 친환경을 고려하고, 폐플라스틱을 재활용하여 친환경 섬유 소재를 개발하고, 첨단 그린 의류를 제작하는 혁신이 일어납니다.

식생활의 경우, 음식에 발생하는 온실가스 비중이 큰 편이어서 음식의 탄소배출량을 고려한 저탄소 식생활이 활성화될 것으로 예측됩니다. 음식의 탄소발자국(carbon footprint)은 우리가 소비하는 음식에 대한 원재료 생산과 채취부터 가공, 판매, 유통된 뒤 음식 쓰레기로 버려지는 데까지 발생하는 온실가스를 이산화탄소 배출량으로 환산한 것입니다. 음식의 탄소발자국 수치가 높을수록 지구 생태계에 부정적 영향을 미치는 음식물입니다. 지구온난화 현상과 환경문제를 발생시키는 주범이 탄소인데, 채소보다 고기를 얻기 위해 발생하는 탄소 배출량이 매우 높아 채식을 권장하는 식습관이 장려되고 있습니다. 기후변화가 날마다 우리의 식단을 바꾸고 있고, 맛과 다이어트를 중시하던 식생활이 ESG 시대에는 탄소배출을 고려하는 식생활로 바뀔 것입니다.

주거환경에서도 그린 리모델링과 친환경 생태도시를 위한 건축, 신재생 에너지 기반의 설계 등이 활발히 이루어지고 있으며, 유니버설 디자인 역시 ESG 시대에 맞춰 활발히 도입되고 있습니다. 또한, ESG가 놓치기 쉬운 취약계층의 주거환경과 관련된 온실가스 감축 문제에 대해서도 적극적인 지원이 필요합니다. 특히, 취약계층의 주 연료로 사용되는 연탄이 환경문제로 부각되고 있습니다. 최근 기업들이 온실가스 감축과 에너지 절감형 주거환경을 위해 취약계층의 주거환경을 개선하는 일은 ESG 실천의 좋은 사례로 볼 수 있습니다.

이 밖에도 ESG는 농업, 축산업, 어업 분야의 일하는 방식에도 많은 변화와 혁신을 일으키고 있습니다. 우리 주변을 둘러보면 트렌드에 끌려가는 사람이 있고, 트렌드를 이끌고 가는 사람이 있는데 우리는 어느 편에 서야 할까요?

(4) ESG 인플루언서, ESG 체인지메이커

ESG 시대에는 ESG 옴부즈맨, ESG 인플루언서, ESG 체인지메이커 등의 눈부신 활약이 주목받고 있습니다. 그린 워싱과 그린 버블(녹색 거품) 같은 위장 환경주의에 대한 경고가 이제는 옐로카드에서 레드카드로 바뀌면서 고객들이 직접 나서서 위장환경주의 기업들을 혼쭐내는 시대가 시작된 것입니다.

반면, 환경오염에 대한 원인은 과감히 줄이고, 환경보존에 대한 노력은 더 많이 하는 착한기업, 그린경영 기업에게는 고객의 따뜻한 추천과 돈쭐이 이어지고 있습니다. 이러한 활동은 주로 MZ세대들의 주 커뮤니케이션 채널인 인스타그램, 블로그, 유튜브 등 SNS를 통해 활성화될 것이며, 기업의 환경문제뿐만 아니라 사회문제와 거버넌스에 대해서도 감시와 개선 제안 등 실질적인 영향력을 만들어 갈 것입니다.

한편, 코로나 팬데믹 이후 글로벌 경제가 경색되고 어려워지면서 ESG가 기업경영을 어렵게 만들고 악화시키고 있다며 ESG 투자에 대해 비난하는 안티 ESG도 있어 주목을 끌고 있습니다.

이렇듯 기업 ESG는 이윤추구와 성장 및 생존이라는 구조적 한계를 가지고 있어서 기업에 끌려가는 ESG는 지속 가능성에서 언제나 불안한 면을 가지고 있습니다. 하루빨리 시민이 주도하는 건강한 ESG 실천문화운동으로 방향이 전환되어야 합니다.

(5) 기업 ESG에서 시민주도형 ESG로 패러다임 전환

지금 우리는 정부와 기업 중심으로 움직이는 ESG를 바라보고 있습니다. 글로벌 정세가 빠르게 ESG 체제로 전환을 요구하면서 국가 간의 ESG 주도권을 잡기 위한 경쟁이 치열해지고 있는 가운데 ESG가 국가의 경쟁력으로 부상하면서 우리 정부도 ESG에 적극적으로 나서야 합니다. 대표적인 예가 K-ESG입니다.

이제 ESG는 기업을 넘어 국가와 지자체를 포함해서 시민단체인 NGO와 사회 전반에 큰 영향을 주고 있습니다. 코로나 이전에는 NGO들이 정치, 경제, 사회, 문화, 복지 등의 다양한 분야에서 목적 사업을 활발하게 펼쳐왔는데, 코로나 이후 사회적 거리두기와 같은 비대면 상황이 장기화되면서 많은 NGO들에게 커다란 변화와 위기가 찾아왔습니다. 정부 의존도가 높은 NGO의 경우는 더욱 심각한 위기 상황에 놓여 있습니다.

ESG 경영 컨설팅을 할 때마다 가능하면 하루빨리 기존 ESG 패러다임을 전환하여 시민들과 함께 ESG 관련 활동을 시작하라고 강조합니다. ESG를 기업의 역할과 책임으로만 보고, 타인처럼 관망하는 태도는 현실로 다가오는 지구의 위기를 막지 못할 수도 있기 때문입니다. ESG는 지속 가능한 지구와 인류의 생존을 위한 우리 모두의 필수불가결한 선택이라는 것을 결코 잊지 말아야 합니다.

⑹ 시민중심, 시민주도 ESG

눈앞에 마차가 있는데 말의 이름을 ESG라고 하고, 마부의 이름은 정부 또는 기업이라고 예를 들어봅시다. 이 마차는 앞으로 얼마나 잘 달릴 수 있을까요? 답은 하루빨리 마부를 정부와 기업에서, 고객인 시민으로 교체해야 한다는 것입니다. 왜냐하면 기업의 대내외적 환경 변화에 따라 ESG 행보가 천천히 가거나 멈출 위험성이 있기 때문입니다.

기업의 ESG는 구조적 한계를 가지고 있어서 기업의 이윤추구와 ESG가 상충될 때 ESG를 보류하거나 포기할 수도 있는 위험성을 내포하고 있습니다. 비록 시작은 투자자의 영향으로 기업 ESG가 출발하였지만, 하루빨리 '시민의, 시민에 의한, 시민을 위한, 그리고 시민과 함께하는 시민중심 ESG운동'으로 바뀌어야 합니다. 비록 한 사람의 고객은 미약할 수 있으나, 고객이 함께 뭉쳐 시민이 되면 강력한 힘과 추진력을 갖게 되기 때문입니다. 그것이 바로 건강하고 지속 가능한 ESG 시민운동으로 나아갈 방향입니다.

더 이상 인류의 생존과 운명이 달려 있는 중차대한 문제인 ESG를 기업과 정부에게만 맡겨서는 안 됩니다. 후학들에게 '세상의 좋은 변화를 만드는 것은 결국 선한 영향력을 가진 시민들의 부단한 노력과 연대의 힘'이라고 강조해왔는데, 이는 시민중심 ESG 실천문화운동의 모태가 되었습니다.

ESG의 조용한 혁명이 시작되었고, 고객이며 시민인 우리는 이제 ESG의 주체로서 항상 깨어 있어야 합니다. 기업의 고객인 시민이 직접 ESG 체인지메이커가 되어 ESG 실천문화를 주도하면서 기업을 선도하고, 올바른 ESG 방향으로 끌고 나갈 때, 비로소 지속가능한 ESG 라이프 시대가 열리게 될 것입니다.

기업 중심의 ESG가 아니라 시민중심, 시민주도의 ESG가 답이고, 희망이기 때문입니다.

37. 일상에서 실천하는 소비변화와 ESG

2019년에 발생한 코로나(COVID) 19로 인해 인류는 전대미문의 죽음이란 공포를 맞게 되었고 이로 인한 사회적 거리두기가 일상화되면서 전 세계 인류의 삶은 큰 변화가 시작되었습니다.
소비자들의 일상도 새로운 모습으로 바뀌게 되었으며, 기업들도 이에 맞추어 광고나 비즈니스의 전략을 세워야 했습니다. 외출을 할 수 없는 환경에서 배달을 주로 하는 업체들이 호황을 맞이하고, 코로나 19가 끝났지만 대부분의 소비가 인터넷과 배달을 중심으로 이루어지고 있습니다.
소비자들은 온라인 쇼핑을 통해 미디어에 접촉하는 시간이 많아지게 되었으며, 스마트폰을 어릴 때부터 접한 Z세대가 새로운 소비자층으로 대두되며 소비의 변화도 커지고 있습니다.
경제 불안감으로 가격에 민감하게 반응을 하여 더 낮은 가격의 브랜드를 선호하게 되었으며, 새로운 상품을 시도했던 ‘성장’ 중심에서 현 상태의 ‘보호’와 ‘자산’ 유지에 중점을 두게 되는 전환점이 되었습니다.
최근 소비형태는 ‘필요한 서비스’를 제공하는 브랜드뿐만 아니라

'소비자를 돕기 위해' 변화를 감행한 브랜드를 높이 평가하는 것으로 나타나고 있습니다.
브랜드의 '가치와 지역사회 발전'을 위해 자선 활동을 실시하는 기업에게 관심을 갖게 되는 것을 알 수 있습니다.
이에 기업들의 경영에도 변화가 시작되었으며, 정부에서도 권장하고, 전 세계적으로 이슈가 된 ESG 경영이 선택이 아닌 필수가 되었습니다.
전 세계적 이슈인 '기후변화에 따른 기후위기 극복'을 위해 많은 사람들의 움직임이 커지고 있습니다.
ESG의 중요성이 나날이 커지며 ESG와 연결되어 있는 SDGs에 대한 관심 또한 전 세계 모든 인류가 지구와 인류를 지키기 위해 실천해야 할 필요가 있습니다.
UN에서는 지속가능발전목표(SDGs)의 달성을 2030년까지 모든 나라에서 이룩할 수 있도록 독려하고 있습니다. 이에 따라 우리나라도 2021년도부터 지속가능발전목표 법을 만들고 기업들에게 ESG의 적극적인 실천과 지속가능한 경영을 할 수 있도록 적극적인 요구를 하고 있습니다.
국내 기업들이 매년 발표하는 지속가능 보고서에는 SDGs의 실천에 따른 결과와 ESG 경영의 실천이 연결되어 있다는 것을 알 수 있습니다.
기업과 소비자는 공생관계입니다. 기업의 ESG 실천으로 소비자 유형 분석을 통해 지속가능한 소비자의 유형과 선택, 소비의 변화를 모니터링(주시)하고 경영(기업통치)에 반영하는 비중이 커지고 있습니다.
기업의 ESG 실천과 변화하는 소비자 유형이 지속가능한 발전에 중요한 기여를 하기 때문에 기업뿐만 아니라 현명한 소비자의 실천도 중요하다고 할 수 있습니다.
지속가능발전목표와 기후변화와 기후위기의 해결을 위해 소비자가 할 수 있는 ESG 실천에는 무엇이 있을까요?
소비자들이 선택해야 하는 생활 속 모든 소소한 일에도 행동의 조심성이 필요합니다.
단순히 물건을 사고 활용하는 것에 그치는 것이 절대 아니라는 점을 깊이 깨달아야 합니다.

기업은 ESG경영 실천으로 소비자들에게 사랑받는 지속가능한 발전이 기대되며, 소비자는 내가 먼저 ESG를 실천하며, ESG 평가를 철저히 감독 관리하는 국가가 되기를 바랍니다.
그럼 당장 내가 실천 할 수 있는 일들은 무엇일까요?
우리 생활에서 조금만 신경 쓰면 바꿀 수 있는 것을 생각해봅시다. 누구나 알고 있지만 실천하지 않는 일들을 실천함으로써 기후위기 시대에 그 주범이라고 할 수 있는 온실가스를 줄이는 것이 기후위기를 극복하는 첫걸음이 될 것입니다.
다음은 우리가 쉽게 실천할 수 있는 행동들입니다.
온실가스를 줄이고 기후위기를 극복하는 개인과 가족의 활동으로 실천해보시기 바랍니다.

(1) 우리의 실천

① 1회용 컵을 줄이기 위해 텀블러를 갖고 다닌다.
② 자가용보다 대중교통을 이용하고 가까운 곳은 걸어 다닌다.
③ 산책이나 산행 시 쓰레기를 버리지 않으며, 버려진 쓰레기는 내가 수거한다.
④ 나와 가족이 쓰지 않는 물건은 기부한다.
⑤ 내가 사용하지 않는 상품은 이웃에게 나누어 주거나 바꾸어 쓴다.
⑥ 창문과 문틈을 막아 에너지 효율을 높인다.
⑦ 일회용 물티슈를 줄이는 것이 아니라 사용하지 않는다.
⑧ 사용하지 않는 전기코드는 뽑아둔다.
⑨ 샤워나 설거지할 때 수돗물을 계속 틀어 놓지 않는다.
⑩ 불필요한 조명은 끄고, 사용하지 않는 전기코드는 뽑는다.
⑪ 어느 곳에서 식사를 하더라도 되도록 남기지 않는다.
⑫ 자연파괴와 온실가스 발생이 심한 육식을 줄인다.
⑬ 식당에서 냅킨은 최소한으로 사용한다.
⑭ 식당에서 물컵에 자신이 먹을 만큼만 따라 마신다.
⑮ 남겨서 버려지는 식품 손실을 줄인다.
⑯ 환경 인증 제품이나 되도록 간소한 포장 제품을 산다.
⑰ 쇼핑목록을 작성하여 충동구매를 피한다.
⑱ 에코백을 사용한다.
⑲ 장을 볼 때 비닐봉지 대신 장바구니를 가지고 다닌다.

⑳ 중고 물품을 구매한다.
㉑ 원산지 표시를 철저히 확인하고, 로컬푸드 매장을 이용한다.
㉒ 상품 구매 시 꼭 필요한 것만을 구입한다.
㉓ 환경보호에 적극적이고 ESG, SDGs를 실천하는 기업 상품을 확인하고 구입한다.

(2) 일상에서 실천하는 SDGS

우리는 지구를 구할 마지막 세대이자 빈곤퇴치에 성공하는 첫 번째 세대가 될 수 있습니다(2030 지속가능발전 의제 50항). 우리가 성공적으로 목표에 달성한다면 2030년의 세계는 보다 살기 좋은 곳이 될 것입니다.

지구와 인류는 우리 손에 달려 있습니다. 다음 세대에게 미래를 물려주게 되는 것은 지금의 젊은 세대입니다. 우리는 지속가능발전으로 가는 길을 제시했으며, 이 여정의 성공을 보장하고 다시 역행할 수 없는 성과를 끌어내는 것은 여러분 모두의 몫입니다(2030. 지속가능발전 의제 53항).

나의 작은 변화와 ESG 실천 행동은 세상을 바꿉니다.

먼저 실천하는 나의 행동이 하찮은 행동이 아님을 확신하며, 시작이 반이라는 말처럼 작은 행동의 변화가 계속되는 한 세상은 바꿀 수 있습니다.

[참고문헌]

[단행본 논문]

고문현(2024). 공공기관의 ESG평가기준(지표). 월간 환경기술7. 서울: 환경관리연구소.

국무조정실(2022). 지속가능발전 기본법[시행 2022. 7. 5.] [법률 제18708호, 2022. 1. 4., 제정]

기상청 기후정책과(2018). 〈지구온난화 1.5℃ SPM 주요 내용〉

김민지(2021).경제성장과 이산화탄소 배출량의 관계에서 에너지전환, 개인복지, 거버넌스의 조절효과 서울: 국제뇌교육종합대학원대학교 박사논문

김상균(2023). [논문] 다양성, 형평성, 포용성의 경영학: 기업의 성능과 지속가능성을 높이는 길

김영수 외,(2022). [논문] 다양성, 형평성, 포용성이 기업의 성과에 미치는 영향: 메타분석

김재홍(2024). 국민행복을 증진하는 ESG 실천. ESG실천국민연대 창립대회 자료집.

모리 나오끼, 아오끼 지키, 사메지마 히로미쯔, 마쯔오 아카네, 시미즈 노리코, 모리시타 마이코, 와타베 아쯔시(2022). ESG를 잘 아는 책. 東京: 秀和시스템.

미야모토 겐이치(2016). 공해의 역사를 말한다. 김해창(역) 서울: 미세움.

박재경 외(2022). [논문] 다양성, 형평성, 포용성이 기업의 사회적 책임에 미치는 영향

사회적가치연구원(2023). ESG경영실무를 위한 G[in] ESG. 서울: 사회적가치연구원.

사회적가치연구원(2023). ESG핸드북 베이직. 서울: 사회적가치연구원.

사회적가치연구원(2023). ESG 개념 및 평가 지표: 한국기업지배구조원, GRI S의 주요 영역 서울: 사회적가치연구원

신지현(2022). 한 권으로 끝내는 ESG 수업. 서울: 중앙books.

이보균(2021). 변혁의 시대 ESG리더십. 서울: 카모마일북스.

이창언(2022). SDGs 교과서. 서울: 선인

정운찬(2024). 동반성장과 ESG. ESG실천국민연대 창립대회 자료집.

지용빈, 서영욱, 박지연(2022). 소비자변화와 ESG 경영. 서울: 크레파스

한국경영학회(2023). "ESG 경영의 이해관계자 관리에 관한 연구" 서울: 박영사.

환경부(2016). 교토의정서 이후 신 기후체제 파리협정 길라잡이.

환경부(2020). 한국 기후변화 평가보고서 (UN, 2020)a. The Sustainable Development Goals Report. UN.).

후마겐지 夫馬賢治(2021). ESG 초 입문 - 60분이면 알 수 있는. 東京:技術評論社.

[인터넷사이트]

국회사무처. https://nas.na.go.kr/nas/bbs/BNAS1001/view.do?menuNo=1800026&nttId=3086769

금융위원회. https://fsc.go.kr/index#:~:text=%ED%98%81%EC%8B%A0%EC%A0%81%20%EA%B8%88%EC%9C%B5,%20%ED%8F%AC%EC%9A%A9

나무위키. 인플레이션 감축법. https://namu.wiki/w/%EC%9D%B8%ED%94%8C%EB%A0%88%EC%9D%B4%EC%85%98%20%EA%B0%90%EC%B6%95%EB%B2%95

나무위키. 그린워싱. 캐나다의 테라초이스(Terra Choice, 2010). https://namu.wiki/w/%EA%B7%B8%EB%A6%B0%EC%9B%8C%EC%8B%B1

네이버지식백과. COP28. https://terms.naver.com/entry.naver?docId=6714442&cid=43667&categoryId=43667

뉴스펭귄(2022). https://www.newspenguin.com/news/articleView.html?idxno=12798

로저 하라빈. https://www.bbc.com/korean/international-58674897

류정훈(2021). SBSBIZ. https://biz.sbs.co.kr/article/20000017326

명순영 · 류지민 · 반진욱(2021). 매일경제신문. https://www.mk.co.kr/economy/view/2021/593042/#:~:text=%E2%80%9CESG%EB%A5%BC%20%EA%B2%BD%EC%98%81%EC%97%90

매경 ECONOMY(2113호, 2021). https://v1.moazine.com/magazine/volume.asp?volumeid=50503

미국국립과학원회보 논문. https://www.pnas.org/doi/10.1073/pnas.1904242116.

박수형(2022). https://zdnet.co.kr/view/?no=20220329081459

부산진해경제자유구역 전략산업지원과.
https://www.bjfez.go.kr/kor/01411/01682/01687.web#:~:text=%EC%A0%84%EB%9E%B5%EC%82%B0%EC%97%85%EC%A7%80%EC%9B%90%EA%B3%BC.%20%EB%8F%99

서은수. 이로운넷. https://ppss.kr/archives/234751

스타벅스. https://blog.naver.com/bbibbilong_/223461027685

신용회복위원회. https://www.ccrs.or.kr/main.do

유엔지원SDGs 한국협회.
https://asdun.org/#:~:text=UN%20SDGs%20%ED%98%91%ED%9A%8C

이종오(2023). https://www.impacton.net/news/articleView.html?idxno=10478

이준희(2024). https://www.etnews.com/20240531000108

최우리(2021). https://www.hani.co.kr/arti/society/environment/1006996.html

한국거래소(2021). https://esg.krx.co.kr/contents/01/01030200/ESG01030200.jsp

홍유진(2023).
KRX ESG포털 https://esg.krx.co.kr/contents/01/01010100/ESG01010100.jsp

https://blog.naver.com/eaglestudy/223348072682

https://blog.naver.com/rokichr/223389511739

https://blog.naver.com/se365company/222425450605에서 발췌

https://blog.naver.com/zzongali/223542880651에서 발췌

Global Reporting Initiative (GRI): https://www.globalreporting.org/

Sustainable Accounting Standards Board (SASB): https://www.sasb.org

UNEP(2021). UN Environment Programme.
https://wesr.unep.org/topic/index/5 (접속일: 2021.01.22.)).

United Nations Global Compact: https://www.unglobalcompact.org/

저자소개

한광일

서울대학교 박사수료, 연세대학교 석사
현)글로벌ESG협회 / ESG강사협회 회장
현)사단법인 국제웃음치료협회 회장
현)한국열린사이버대학교 석좌교수
KBS, MBC, SBS, 세계각국 방송 출연

김창준

현)한림대 겸임교수
현)숙명여자대학교 대학원 객원교수
현)시민중심ESG협회회장
현)효창종합사회복지관관장
전)보건복지부 장관정책보좌관
전)여성가족부 정책자문위원

장재범

인하대학교 산업공학과
현)(주)가람이엔씨 구조사업부 이사
현)한국브레인경영연구소 대표
현)아세아ESG경영교육위원회 교수
현)한국열린사이버대학교 특임교수

장일상

중원대학교 교육학 박사
현)사)한국여성소비자연합 충북지회장
현)충북소비자단체 협의회장
현)행복 안전교육원 원장
현)글로벌사회융합학회 부회장
현)대한이혈건강학회회장

손에 잡히는 90분 ESG 필독서

ESG 왜, 지금인가

2024년 10월 20일 1판 1쇄 인쇄
2024년 10월 25일 1판 1쇄 발행

지은이 한광일 · 김창준 · 장재범 · 장일상
펴낸이 조재성
펴낸곳 서현사

등 록 제03-01392호
주 소 경기도 고양시 일산동구 중앙로 1055번지 레이크하임 206호
전 화 031-919-6643
팩 스 031-912-6643

ISBN 979-11-88986-71-2 03320

정가 15,000원